江淮俗语风韵

JIANGHUAI SUYU FENGYUN

U0511986

编著

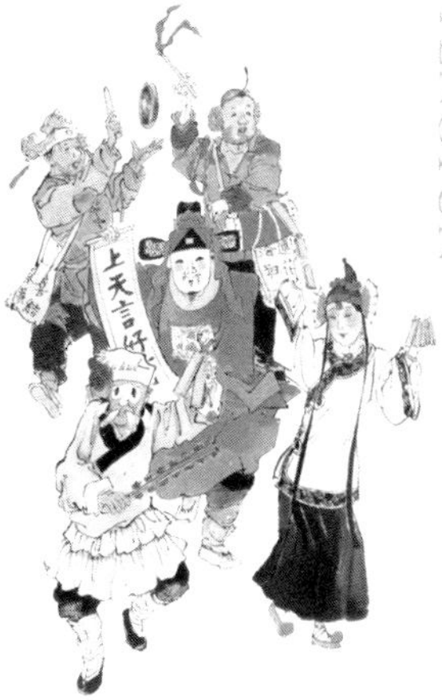

全国百佳图书出版单位
APGTIME 时代出版
时代出版传媒股份有限公司
安徽人民出版社

图书在版编目(CIP)数据

江淮俗语风韵/王崇国编著.—合肥:安徽人民出版社,2019.9

ISBN 978-7-212-10451-1

Ⅰ.①江…　Ⅱ.①王…　Ⅲ.①江淮方言—俗语—方言研究
Ⅳ.①H172.4

中国版本图书馆CIP数据核字(2019)第006480号

江淮俗语风韵

王崇国　**编著**

出 版 人:徐　敏　　**责任印制**:董　亮
责任编辑:张　旻　郑世彦　　**装帧设计**:王建川

出版发行:时代出版传媒股份有限公司 http://www.press-mart.com
安徽人民出版社 http://www.ahpeople.com
地　　址:合肥市政务文化新区翡翠路1118号出版传媒广场八楼
邮　　编:230071
电　　话:0551-63533258　0551-63533292(传真)
印　　刷:合肥创新印务有限公司

开本:880mm×1230mm　1/32　**印张**:8.875　**字数**:180千
版次:2019年9月第1版　2019年9月第1次印刷

ISBN 978-7-212-10451-1　**定价**:28.00元

版权所有,侵权必究

目　录

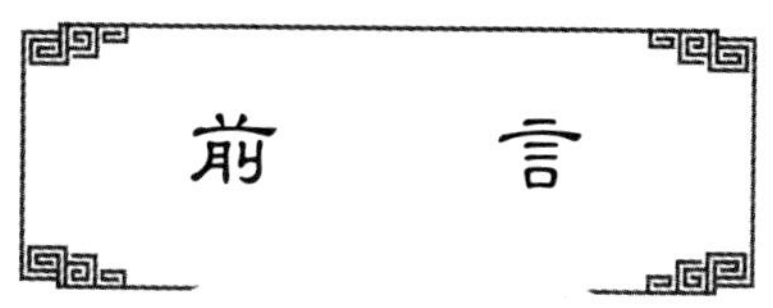

前言

《江淮俗语风韵》付梓在即，编者觉得有必要将书名、选编原则和方法等向读者交个底，顺带作为书的前言。

一、《江淮俗语风韵》——书名解读

江淮，从地理上看，主要指安徽、江苏两省中部地区，较为笼统的"四至"是南临长江，北抵淮河，东起江苏的泰州、如皋，西抵湖北的黄梅、孝感。本书所选的俗语民谚以江淮官话中洪巢(洪泽湖、巢湖)一片区域的为主。江淮连接南北，承东启西，编者以为自限畛域大可不必，无论南"橘"北、"枳"，只要味道可口，也不妨拿来尝尝。

俗语，指流行于民间的通俗语句，包括谚语、俚语、歇后语等。这些流行于民间的简练通俗而又富有哲理的语句，大多反映了劳动人民的生活经验和集体智慧，微言大义，言简意赅，形象生动，富有情趣。本书所选俗语民谚带有明显的江淮特色，真实地展现了江淮地区的风土人情。

风韵，姿态优美之谓也。江淮俗语民谚，风姿绰约，韵雅音清，自不待言。其实，这里的"风韵"还有另一层意涵。"风"在《诗经》中指民歌、民谣，古今一揆，如果将江淮俗语民谚忝列"国风"，名曰"江淮风"，虽不及诗葩正宗，但编者以为也不会逊色到哪里去。说到"韵"，兹事体大，非浅陋如编者所能置喙。本书对俗语民谚按句尾韵脚分列。因旧时音韵分部繁复，加之江淮方言前后鼻音不分、入声韵明显等特点，难以将江淮俗语民谚十分准确地按部就班，今根据民间流行的十三辙，采用宽松的押韵，共列花、开、安等十四韵，另列入声韵甲、乙两类，以呈现江淮官话的固有风貌。

二、"四不选"——选编原则解读

本书虽为俗语民谚选编，但也并非"捡到篮子都是菜"。至少下面几类不在选编之列。

（一）历代名言警句不选。名言警句是历史文化精华的积淀，譬如孔孟的名言、李杜的诗句，譬如《菜根谭》《增广贤文》的格言，书籍流传，百代不废，家弦户诵，妇孺皆知，自然无须编者赘述。唯有俗语民谚，出自市井乡野，人们口耳相传，不能刊载于典籍，无法求助于"度娘"。如果说历代名言警句是稻粱和肴馔，那么俗语民谚就是粗粮和野菜。编者有志于此，就是希望读者两相搭配，合理"膳食"，均衡营养。

（二）外地流传而江淮地区流传不广的俗语不选。俗语具有地域性，江淮俗语是江淮人民生活经验和处世智慧的结晶，是在江淮自然环境、风俗民情和方言土语等因素的滋养下形成的。不同于常见的俗语大全、民谚汇编，本书所呈现的是原汁原味的江淮俗语。

（三）格调不高、情趣低俗的语句不选。俗语民谚大多以美刺寓劝惩，格调高雅，清新脱俗。毋庸讳言，由于时代、环境、思想和文化的局限，产生于民间的俗语本身良莠不齐，编者力求俗不伤雅，激浊扬清，抵制低俗，弘扬正能量；少量"荤素"掺杂、迷信宿命、性别或歧视残疾等语句也要读者"运用脑髓，放出眼光，自己来拿"。

（四）网络流行语和时尚用语不选。各个时代的流行语大多有着流行短暂性和文化多元性的特点，相较于民间俗语的稳定性和民族性，不可同日而语，如“萌萌哒”“神马都是浮云”等语句也曾经红火，但它们与俗语终究隔了一层，若硬性掺入，只会造成乡土文化的异化和民俗语言的驳杂。

三、集句——选编方法解读

集句本是旧时作诗、作对联的一种方式，就是从已有的不同诗文中选出句子重新组合成一首新诗或对联。集俗语为联，古已有之，如清代王有光《吴下谚联》，亦庄亦谐，编排别致，具见巧思。江淮地区的俗语民谚浩如烟海，珠玑琳琅，有两两相对、珠联璧合、佳偶天成的，如“好花开一树，烂柴倒一湾”“好男不吃分家饭，好女不穿嫁时衣”；也有只言片语、有独无偶、野调无腔的，如“指着兔子给人撵”“生怕树叶打破头”。对于前者，编者自然乐见好事，不敢拋鸾拆凤；对于后者，编者不免“媒妁”故技，将状貌相搭、情味相逗的捉置一处，重新组合，以结“秦晋”。至于句意之切合、理趣之浑然、对仗之工稳、韵律之和谐，时时为其牵挂，在在都是纠结。牝牡骊黄，但求粗安。

“一花一世界，一叶一菩提。”江淮俗语如春天开在山野的野花，她汲取着天地精华，沾溉着江淮风土民情的膏泽，绚烂而不妖冶，质朴而不粗俗，一花一瓣散发着灵气，一枝一叶凝聚着乡愁。本书编者见闻有限，虽极力搜罗、苦心甄选，仍难免有挂一漏万之憾、牵强附会之嫌，还望读者不弃，惠予指教，不胜企盼。

编　者

二〇一九年初春

第一部　花韵

一

热辣辣[1]，痒爬爬。

稀朗朗，苦哈哈[2]。

认这卦，打这卦[3]。

有命挣，无命花。

夫妻吵架，舌头碰牙。

箩里拣花，越拣越差。

不在人上，不在人下。

有好多粉，做好大粑。

宁挑千斤担，不抱肉疙瘩[4]。

累得散了架，瞅得眼发花。

前头乌龟爬开路，后头乌龟照样爬[5]。

囫囵猪头囫囵卖[6]，眉毛胡子一把抓。

① 【热辣辣】形容无所顾忌地表现极亲热、极热情的行为。

② 【苦哈哈】形容生活艰苦。

③ 【认这卦，打这卦】比喻看中了某人或某事就不再更改。打卦，指掷占具，观其俯仰以占卜吉凶。

④ 【宁挑千斤担，不抱肉疙瘩】意谓长时间怀抱幼儿比挑重担更累人。

⑤ 【前头乌龟爬开路，后头乌龟照样爬】比喻前人已开辟了道路，后人只要照样走下去即可。

⑥ 【囫囵猪头囫囵卖】比喻完整的事物宜作整体处理。

二

能格格，嘴呱呱[①]。

捣喉咙，打哇哇[②]。

上不上，下不下。

靠边站，往上爬。

丈母奶奶[③]，娘家妈妈。

两姨老表，娘婆二家。

热灶一把，冷灶一把[④]。

心放坦坦，述嘴啪啪[⑤]。

大手会做粑，小手会绣花[⑥]。

痒要旁人抓，好要旁人夸。

天上下雨地上滑，自己跌倒自己爬[⑦]。

麻脸姑娘爱搽粉，癞痢丫头好戴花。

---

① 【能格格，嘴呱呱】能格格，形容小孩聪颖、有才能；嘴呱呱，形容话多而无实际内容，含贬义。

② 【捣喉咙，打哇哇】捣喉咙，称人吃饭的詈词；打哇哇，小孩张嘴（或含水）发声，并以手拍打，也指人说话不清。

③ 【丈母奶奶】即丈母娘。

④ 【热灶一把，冷灶一把】比喻待人处世，不趋炎附势，不因人而异，也比喻大事小事，都由其操劳。

⑤ 【述嘴啪啪】形容话多而啰嗦。

⑥ 【大手会做粑，小手会绣花】形容女性能干，粗活细活都有一手。

⑦ 【自己跌倒自己爬】比喻遇到挫折要自立、自强，不要依赖、指望别人。

三

溏鸡屎，土渣巴。

看鸡鸭，兴庄稼[①]。

讨口彩，讲孬话[②]。

吃寡饭，喝清茶[③]。

筋筋绊绊，须须杈杈[④]。

儿大分家，树大分桠。

三天不打，上屋揭瓦。

坏得淌水，土得掉渣。

会讲合肥话，就把盒子挂[⑤]。

跌个狗吃屎，摔个仰八叉。

吃了萝卜喝热茶，气得郎中满街爬[⑥]。

耳朵不聋眼不花，吃饭还要铲锅巴[⑦]。

---

① 【看鸡鸭，兴庄稼】即饲养家禽，种庄稼。看，读作 kān，饲养；兴，读作 xīng，种植。

② 【讨口彩，讲孬话】讨口彩，指利用谐音来获得美好的寓意，或用吉利话来博取好的兆头；讲孬话，指讲出没有道理的话，也表示对对方谦逊说法的回敬语。

③ 【吃寡饭，喝清茶】指吃饭没有菜肴，只有清茶招待，谦辞。寡，单一的，没有相搭配的东西，如寡酒（无菜）、寡话（无内容）。

④ 【筋筋绊绊，须须杈杈】筋筋绊绊，形容事情有许多周折，进展不顺利；须须杈杈，本指树木长出很多根须、枝丫，比喻人说话啰嗦。

⑤ 【会讲合肥话，就把盒子挂】指旧时官场上因乡土关系而获取好处。清末民初，传说合肥人李鸿章、段祺瑞当权时，为培植自己的势力，凡是说合肥话的老乡去投靠，他们都予以各级军官（佩带手枪）的重用。

⑥ 【吃了萝卜喝热茶，气得郎中满街爬】意谓多吃萝卜、多喝姜茶有益于身体健康，免得看医生。

⑦ 【耳朵不聋眼不花，吃饭还要铲锅巴】指老年人身体好，各器官功能并未衰退。

四

麻癞癞，黄巴巴。

直挺挺，扁趴趴。

天不怕，地不怕。

现世宝，马大哈。

湿草烟大，穷人气大。

顺嘴一拓[①]，倒打一耙。

见人讲人话，见鬼讲鬼话。

拍桌弄板凳，同行是冤家。

一棵树上吊死，伸直舌头讲话[②]。

太岁头上动土[③]，老虎嘴里拔牙。

一分钱都经药水煮过，吃虱子没人一个大胯[④]。

好起来就像观音菩萨，歹起来就是牛头夜叉。

① 【顺嘴一拓】形容说话不经过思考，随口说说而已。拓，江淮方言读作 tà，入声。

② 【一棵树上吊死，伸直舌头讲话】前句比喻执着于一种方法或路径，不知变通；后句形容说话要根据事实，不说违心的话。

③ 【太岁头上动土】比喻冒犯有权有势、不好惹的人，十分危险。太岁，传说中的在地之神，动土要避开太岁方位，否则会遭遇灾祸。

④ 【一分钱都经药水煮过，吃虱子没人一个大胯】形容对钱财很吝啬，对他人很刻薄。虱，江淮方言读作 sè，入声。

五

翘嘴白[①],豁牙巴。
手指盖,脚巴丫。
想到哪,讲到哪。
看走眼,接下巴[②]。
喝满月酒,送催生茶[③]。
气吭百吭,蛮叽格拉[④]。
空[⑤]人家钱,讲矮人话。
拿不出手,笑掉大牙。
一报还一报,一码归一码。
金花配银花,葫芦配冬瓜。
吃菩萨,穿菩萨,灶里无柴烧菩萨[⑥]。
鱼找鱼,虾找虾,乌龟找着鳖宗家[⑦]。

① 【翘嘴白】鱼名,学名翘嘴鲌,这种鱼下颌很厚,且向上翘,也指代嘴唇上翘的人。

② 【看走眼,接下巴】看走眼,即看错了;接下巴,指说话时喜欢接人的话茬,又叫"接下语"。下巴,即下巴颏。

③ 【喝满月酒,送催生茶】旧俗,新生儿满月时家长宴请亲友的宴席叫"满月酒";在女人分娩前数日,亲友送来鸡蛋、红糖之类营养品,叫"催生茶"。

④ 【气吭百吭,蛮叽格拉】气吭百吭,指大口地喘气;蛮叽格拉,指说话方音(多指南方)重,难以听懂。吭,江淮方言读作 hǎng。

⑤ 【空】欠,读作 kòng。

⑥ 【吃菩萨,穿菩萨,灶里无柴烧菩萨】指平时受人恩惠,一旦稍有不如意,则恩将仇报。

⑦ 【鱼找鱼,虾找虾,乌龟找着鳖宗家】比喻同类或趣味相投的人聚在一起。

六

阴损人，徊浑话[①]。

癞皮狗，格弓虾[②]。

墙有缝，壁有耳。

擦狗屎，抠猪花[③]。

七戳八捣，偷窃扒拿。

打滚放赖，仰巴四叉。

三下五除二，快刀斩乱麻。

沉了芝麻船，水上撇油花[④]。

大改小，小拼大，破长衫子改短褂[⑤]。

看三家，问五家，回头再买是行家。

活络人[⑥]眉毛尖会讲话，死对头大门边都不跒[⑦]。

人走运拿门板挡不住，人背霉喝凉水都塞牙。

---

① 【阴损人，徊浑话】阴损人，指用不怀好意的言行让人上当，暗地里使坏，也说“阴使人”；徊浑话，指模棱两可的话。

② 【癞皮狗，格弓虾】癞皮狗，本指长疥癣的狗，取其谐音“赖皮”，指代刁钻撒泼、不讲诚信的人；格弓虾，虾的形体弯曲，指代弯腰驼背、瘦骨嶙峋的人。

③ 【擦狗屎，抠猪花】擦狗屎，本指将狗屎收集到粪箕里作肥料，喻指收拾烂摊子；抠猪花，指给母猪摘除子宫的手术过程，也戏指用手艰难地取出某物，如吝啬之人从口袋里掏钱给别人。

④ 【沉了芝麻船，水上撇油花】比喻做事因小失大，得不偿失。

⑤ 【大改小，小拼大，破长衫子改短褂】形容穿着节俭，也比喻事物经过整改，产生新的效用。

⑥ 【活络人】指头脑圆通灵活的人。

⑦ 【跒】跨过，江淮方言读作 qiá。

七

一是一，二是二。
我是我，他对他①。
一个头，两个大②。
脚直跺，手直虾③。
带笑不笑，半真不假。
横草不拈，竖草不拿④。
狮子大开口，水米不沾牙。
穷得叮当响，没添一根纱⑤。
井水不犯河水，说话不能移话⑥。
不怕红脸关公，就怕抿嘴菩萨⑦。
自古开门七件事，柴米油盐酱醋茶。
死要面子活受罪，东扯葫芦西扯瓜。

---

① 【他对他】即两者相抵消。

② 【一个头，两个大】形容遇到棘手的事，难以处理。

③ 【手直虾】指手向外拨开的动作。虾，拨动，用作动词。

④ 【横草不拈，竖草不拿】形容人非常懒惰。

⑤ 【没添一根纱】指没有添置任何衣服。

⑥ 【说话不能移话】指不离开说话的情境，对别人的话语不作迁移或改变。“移”也作“疑”。

⑦ 【不怕红脸关公，就怕抿嘴菩萨】比喻性格外向的人好应对，性格内向（或伪善）的人难提防。

八

有过节，不上下[①]。

吃掴栗，搠耳巴[②]。

说变卦，就变卦。

点个卯，打个花[③]。

过街老鼠，人人喊打。

狗咬刺猬，无处下牙。

洋人讲洋话，洋人驮人骂[④]。

跩得像人种，扭得像麻花[⑤]。

铜匠的挑子，走到哪响到哪。

王奶奶纺纱，嘴不讲手直拉[⑥]。

一壶难装两样酒，一女不喝两家茶[⑦]。

眼睛长在额头上，嘴巴龇着像荷花[⑧]。

---

① 【有过节，不上下】有过节，指双方从前就有嫌隙；不上下，指亲戚间不走动。

② 【吃掴栗，搠耳巴】指用手打人。掴栗，用弯曲的手指关节敲击人头；耳巴，耳光。搠，抽打，读作 shuò，入声。

③ 【点个卯，打个花】指敷衍地来露个脸就走了。古时官府办公卯时（上午 5:00～7:00）查点到班人员，点名叫“点卯”；鱼跃出水面，短暂一现，叫“打花”。

④ 【洋人讲洋话，洋人驮人骂】意谓思维错乱、行为荒唐的人胡说八道，受到人们责骂。驮，被，读作 tuó。

⑤ 【跩得像人种，扭得像麻花】前句形容人很嘚瑟，自以为了不起；后句形容小孩不听话，处处与大人作对。跩，读作 zhuǎi；扭，读作 zhǒu。

⑥ 【嘴不讲手直拉】借指不宜明说，只能用手暗地里拉拢对方。

⑦ 【一女不喝两家茶】意谓女子从一而终，不二嫁。旧时女方到男方家看门头（相亲）时，男方以茶相待。女方是否喝这杯茶，是一种初步表态，如女方不喝茶而告辞，则意味着这门婚事告吹。

⑧ 【眼睛长在额头上，嘴巴龇着像荷花】前句形容人自视甚高，目中无人；后句嘲讽人笑得开心。龇，咧开嘴，读作 zī。

九

瘪切切，矮趴趴。

灰蒙蒙，黑压压。

拿得起，放得下。

不搪吃[①]，成把抓。

穿开裆裤，打赤脚巴。

一身短打[②]，半路出家。

坐等一杯茶，不如自己拿。

空口讲白话，讨米养叫花。

打墙也是动土，赊三不如现二[③]。

没有百年亲戚，却有千年宗家[④]。

先生娘子会说话，瞎子婆娘会算卦[⑤]。

骑马没遇到亲家，骑牛遇到了亲家[⑥]。

① 【不搪吃】形容很快就吃完了。搪，抵挡，经得起，江淮方言作 tāng。

② 【一身短打】指穷苦人所穿的短促衣服，多为男装。

③ 【打墙也是动土，赊三不如现二】前句意谓为了小事费大手续，不如索性做起大事来；后句指赊销虽然账面收益高，但不如现金交易实在。

④ 【没有百年亲戚，却有千年宗家】旧时在宗法制度下，姻亲(由婚姻而结成的亲戚)随着男女双方当事人逝去，亲戚关系渐趋淡化乃至消失，而宗亲(由同一父系家族相传的世系)则相传久远。

⑤ 【先生娘子会说话，瞎子婆娘会算卦】两句意谓经常与某类人在一起，便潜移默化地习得其技能。先生，教书先生。瞎子，旧时盲人常以算命、卜卦为谋生手段。

⑥ 【骑马没遇到亲家，骑牛遇到了亲家】比喻人在风光阔绰时不为熟人所知，却在尴尬窘迫时偏偏遇见熟人而出丑。

十

吃嘴运，糕饼茶①。

涨锅饭，蒿子粑②。

拨一下，动一下③。

麻秸秆，矮冬瓜④。

心直口快，手到擒来。

捡了芝麻，丢了西瓜。

穿上十层纱，不抵一层花⑤。

兄弟明算账，烟酒不分家。

姑娘穷有一嫁，嫂子穷等儿大。

供起来是菩萨，玩起来是泥巴⑥。

看了水浒好打架，看了聊斋讲鬼话。

一塘鲢子水哗哗，一房婆娘嘴喳喳。

---

① 【吃嘴运，糕饼茶】吃嘴运，指碰巧赶上人家吃饭或吃好东西而被邀分享；糕饼茶，指正式宴饮前所呈上的瓜果糕点等，又叫"果子茶"。

② 【涨锅饭，蒿子粑】涨锅饭，指锅灶砌成后所煮的第一锅米饭，为图吉利，希望新锅灶将来煮饭出饭，主人常用这顿饭宴请砌匠及亲朋；蒿子粑，指在清明时节用采摘的嫩蒿掺入米面、肉丁等做出的粑粑，既美味可口，又寓禳灾祈福之意。

③ 【拨一下，动一下】原指算盘珠子不拨不动，现比喻做事缺乏主动性，消极被动等待。

④ 【麻秸秆，矮冬瓜】对身材瘦而长和矮而胖者的谑称。

⑤ 【穿上十层纱，不抵一层花】原指一件棉衣比多层单衣暖和，也比喻众多分散的东西没有一个整体的东西发挥的作用大。

⑥ 【供起来是菩萨，玩起来是泥巴】比喻对人的态度多变，时而敬重，时而蔑视。旧时乡间佛像多用泥土塑成。

十一

买得巧[①],不二价。

门外汉,内当家。

赔钱货,守活寡。

杂不勒,拐旮旯[②]。

人来扫地,客走倒茶[③]。

王婆卖瓜,自卖自夸。

捞蛤蟆骨嘟[④],起鸡皮疙瘩。

大鱼吃小鱼,小鱼吃蚂虾。

一山不藏二虎,明人不说暗话。

有个唐僧取经,就有白马驮他[⑤]。

宁跟刁子打一架,不跟孬子讲句话[⑥]。

一家不喜欢老王,老王不喜欢一家。

① 【巧】价格便宜。

② 【杂不勒,拐旮旯】杂不勒,指杂物;拐旮旯,指房间内拐角处。旮旯,江淮方言读作 gā lā。

③ 【人来扫地,客走倒茶】故意表示对来客的不欢迎。

④ 【蛤蟆骨嘟】即蝌蚪。

⑤ 【有个唐僧取经,就有白马驮他】比喻做成一件事,必然有相应的人或物的辅助。驮,背负,读 tuó。

⑥ 【宁跟刁子打一架,不跟孬子讲句话】意谓跟不明事理的人难以相处共事。刁子,精明人。

十二

斗鸡眼[①],小虎牙。

屁股瓣[②],脑袋瓜。

瓜吊大,伢哭大。

黄大大,黑妈妈[③]。

不得过堑,放他一马[④]。

勉勉强强,磕磕巴巴。

结巴好讲话,聋子好打岔。

讲烧锅奶奶,吃火烧粑粑[⑤]。

七除一八除二,摸到驴就是马[⑥]。

你不说我脚大,我不说你脸麻[⑦]。

见什么人说什么话,见什么菩萨打什么卦。

瘦死的骆驼比马大,不讲没人把你当哑巴。

---

① 【斗鸡眼】指人眼瞳孔天生或人为的都朝中间靠拢,形成内斜视,像两只鸡斗架一般,故名。

② 【屁股瓣】即屁股。瓣,指物体自然地分开的小块,如豆瓣、腮瓣。

③ 【黄大大,黑妈妈】指小孩因害怕、焦急、疼痛等原因而大声哭喊。大大,江淮方言指父亲。

④ 【不得过堑,放他一马】不得过堑,指过不了这一关;放他一马,比喻原谅某人一次。堑,鸿沟,读作 qiàn。

⑤ 【讲烧锅奶奶,吃火烧粑粑】前句指娶妻子,江淮部分地区称妻子为"烧锅的"或"烧锅奶奶";后句谑指小孩受家长体罚,因为巴掌打在身上发火烧。

⑥ 【七除一八除二,摸到驴就是马】前句意谓看似很多,但经不住多方扣除;后句比喻人急用时,随手拿身边东西作替代品。

⑦ 【你不说我脚大,我不说你脸麻】比喻双方互不揭短。旧时女性以裹小脚为美,脚大不中看。

十三

光堂堂[①]，皱巴巴。

黄亮亮，红虾虾[②]。

人怕打，肉怕鲊[③]。

犯牛劲，发朱砂[④]。

猪往前拱，鸡往后扒。

七屁八磨，七扯八拉。

有钱把钱，无钱把话[⑤]。

无知无识，吱巴喳巴[⑥]。

好话不背人，背人没好话。

叫花子烤火，尽往髂里扒[⑦]。

空手撵不上挑担[⑧]，狗嘴吐不出象牙。

我把人当实心粑，人把我当豆腐渣。

---

① 【光堂堂】形容光洁平整。

② 【红虾虾】形容红色很鲜艳。虾虾，鲜艳的样子。

③ 【鲊】鲊肉，即米粉肉，读作 zhǎ。

④ 【犯牛劲，发朱砂】犯牛劲，指脾气执拗倔强；发朱砂，指人像犯神经病一样失去理智。中医认为，朱砂能镇静安神，但过量就会使人变得呆傻、倔强或发脾气。

⑤ 【无钱把话】意谓借债人在一时无力偿还欠款时，应该向债权人解释原因。

⑥ 【吱巴喳巴】指说些无关痛痒的话。

⑦ 【叫花子烤火，尽往髂里扒】比喻人为了一己之私利，而不考虑别人。髂，裆部，读作 qià。

⑧ 【空手撵不上挑担】比喻没有压力的人，反而比不上有压力的人进步快。通常挑担者随着扁担的弹性节奏，脚步变得轻快。

十四

讲精味[①],捣笑话。

春瞌睡,打喳哈[②]。

趸断趸,二面二[③]。

揪辫子,割尾巴。

灰头土脸,血糊淋拉。

以疯扬邪,打里打瓜[④]。

装聋作哑,装疯卖傻。

招蜂惹蝶,水性杨花。

棒槌靠衙门,三年会讲话[⑤]。

大椒[⑥]炒油渣,馋死一大家。

胳膊肘子向外拐,家里乌龟朝外爬。

好马不吃回头草,好蜂不采落地花。

---

① 【讲精味】形容十分挑剔,以显示高人一等。

② 【打喳哈】即打哈欠。

③ 【趸断趸,二面二】趸断趸,整数;二面二,两边,双方。趸,读作 dǔn。

④ 【以疯扬邪,打里打瓜】以疯扬邪,形容故意装成疯疯癫癫的样子;打里打瓜,形容懒懒散散、流里流气的样子。

⑤ 【棒槌靠衙门,三年会讲话】比喻不善言谈的人长期处在交际的环境中会能言善辩。

⑥ 【大椒】即辣椒。

十五

巴掌大，一么拉[①]。

一把手，二当家。

个似个，哪对哪[②]。

虾闯罩，鱼打花[③]。

眼袋眼拐，鼻尖鼻凹[④]。

勉勉强强，半半拉拉。

倒廊磕壁，停犁歇耙[⑤]。

钻山打洞[⑥]，顺藤摸瓜。

家有千蔸茶，累得像狗爬[⑦]。

吃了省钱瓜，害了绞肠痧[⑧]。

面子小的莫说话，力气小的莫拉架。

奶奶疼的头孙子，妈妈疼的老汉儿[⑨]。

---

① 【巴掌大，一么拉】巴掌大，即言面积之小；一么拉，指从此处至彼处的一片山地。

② 【个似个，哪对哪】个似个，形容单个物体很完整；哪对哪，表示对人和事的来历和缘由不甚了解。

③ 【虾闯罩，鱼打花】虾闯罩，比喻人不自量力；鱼打花，比喻偶尔现身一下。罩，篾编的捕鱼虾的工具。

④ 【鼻凹】指人脸上鼻子两边低凹的部位。凹，俗语读作 wà。

⑤ 【倒廊磕壁，停犁歇耙】倒廊磕壁，形容房子破旧、倾圮；停犁歇耙，比喻一切活动都停下来。

⑥ 【钻山打洞】比喻寻找一切机会(获取利益)。

⑦ 【家有千蔸茶，累得像狗爬】意谓采茶是非常劳累的事。蔸，棵，读作 dōu。

⑧ 【吃了省钱瓜，害了绞肠痧】比喻因贪小便宜，结果吃了大亏。绞肠痧，霍乱病的俗称，心腹剧烈绞痛。

⑨ 【老汉儿】指年老父母膝下众子女中最小的儿子。

十六

揸不弄胯，吓人不拉[①]。

一头不头，临了抓瞎[②]。

有一说一，有二说二。

同年相仿，大差不差。

大公鸡踩水，小母猪挑花[③]。

头胀像笆斗，心急如猫抓。

宁吃过头饭，莫说过头话。

眼尖嘴巴快，吃多鸡下巴[④]。

牛无力拉横耙，人无理讲横话。

做人拌拌辣辣，做事怩怩麻麻[⑤]。

一旋横，二旋霸[⑥]，三旋生来好打架。

七月坐，八月爬，九打蹲蹲[⑦]十出牙。

---

① 【揸不弄胯，吓人不拉】揸不弄胯，形容双腿不雅地叉开；吓人不拉，形容十分吓人。揸，读作 zhā；胯，江淮方言读作 kuǎ。

② 【一头不头，临了抓瞎】一头不头，形容一事无成；临了抓瞎，指因没有准备，临近结束时张皇失措。

③ 【大公鸡踩水，小母猪挑花】家禽交配叫踩水；阉割母猪子宫叫挑花。

④ 【吃多鸡下巴】调侃人喜欢接话、插话。

⑤ 【做人拌拌辣辣，做事怩怩麻麻】前一句形容为人不诚实、不讲信用；后一句形容做事没头绪、不果断。

⑥ 【一旋横，二旋霸】民俗认为人头上的发旋与性格相关联，发旋多的人性情蛮横、暴戾。

⑦ 【打蹲蹲】指幼儿勉强能站立的样子。

第二部　开韵

一

求爹爹，告奶奶[①]。

捞外快，发洋财。

烧香买，磕头卖[②]。

上回当，学回乖[③]。

轻光饰相，拿搪显摆[④]。

七拼八凑，一事五牌[⑤]。

冷怕起风，穷怕欠债。

跛子拜年，就地一歪[⑥]。

现狐狸尾巴，挂无事招牌。

左眼跳主财，右眼跳主灾。

路上死了路上埋，倒在阳沟当棺材。

除了吐沫都是谎，得了便宜还卖乖。

---

① 【求爹爹，告奶奶】比喻到处央求人。爹爹，江淮方言指祖父。

② 【烧香买，磕头卖】比喻先前力求而得到的东西，因时过境迁难得出手。

③ 【学回乖】意谓获得一次教训。

④ 【轻光饰相，拿搪显摆】故意掩饰，装腔作势，以显示斯文或高人一等。

⑤ 【一事五牌】形容办事非常正规，不马虎。

⑥ 【跛子拜年，就地一歪】比喻就地赖着不走。

二

孬不孬，乖不乖。

背靠背，猜宝猜[①]。

矮子矮，一肚拐。

露马脚，怀鬼胎。

街死街埋，路死路埋。

连讲竖讲[②]，毛估带猜。

大门不出，二门不迈。

往上一纵，跟手就来。

猫多不逼鼠，火大无湿柴[③]。

花钱如淌水，闷声发大财。

弯刀对着瓢切菜，歪锅对着跷锅盖[④]。

看瓜[⑤]反被偷瓜打，上梁不正下梁歪。

---

① 【猜宝猜】儿童对猜拳游戏“锤子剪刀布”的俗称。

② 【连讲竖讲】表示正在讲话的时候(另一件事随之发生)。

③ 【猫多不逼鼠，火大无湿柴】前一句比喻管理者众多，反而效率低下；后一句比喻在强大的势力或浓厚的氛围中，反对者发挥不了作用，反而被同化或消融。

④ 【弯刀对着瓢切菜，歪锅对着跷锅盖】比喻两人的缺点、毛病正好互补，因而不会发生矛盾。跷，木板因干燥而变形，读作 qiáo。

⑤ 【看瓜】看守瓜田的人。看，读作 kān。

三

瘦切切,胖呆呆[①]。

劲杠杠,病歪歪。

松宽宽,肉奶奶[②]。

哭嚅嚅[③],笑嗨嗨。

脸别过去,头车过来[④]。

嘴巴直瓢,屁股直筛[⑤]。

怕鬼有鬼,借债还债[⑥]。

有好大脚,穿好大鞋[⑦]。

宁在世上挨,不在土里埋。

酒壮怂人胆,死店活人开[⑧]。

少要张狂[⑨]老要稳,身正不怕影子斜。

横挑鼻子竖挑眼,馋咬舌头饿咬腮[⑩]。

---

① 【胖呆呆】形容胖而圆的样子。

② 【松宽宽,肉奶奶】松宽宽,不紧束的样子,多形容束带松弛。宽宽,江淮方言读作 kuàn kuàn;肉奶奶,形容肉体肥胖白嫩的样子。

③ 【哭嚅嚅】形容哭泣时嘴角下撇的样子,嚅,江淮方言读作 ruái。

④ 【脸别过去,头车过来】"别""车"都是转动的意思。

⑤ 【嘴巴直瓢,屁股直筛】形容哭泣和走路扭动的样子。瓢,形容哭泣前因感情激动而嘴巴抽搐的样子;筛,形容走路时身体两边摆动像筛面的样子。瓢、筛都作动词用。

⑥ 【怕鬼有鬼,借债还债】怕鬼有鬼,指害怕什么,偏偏就碰到什么;借债还债,用借债的办法还债,亏空始终存在。

⑦ 【有好大脚,穿好大鞋】比喻根据自己的条件和能力,选择合适的方式或对象。

⑧ 【死店活人开】意谓做生意头脑要灵活。

⑨ 【张狂】本义为嚣张,此处指青年人应该有朝气,敢作敢为。

⑩ 【馋咬舌头饿咬腮】这是对没有荤菜、伙食不好的戏谑说法。牙齿不经意咬到舌头或腮内黏膜,被认为是伙食差造成的。

四

能大姐，有头晒[①]。

吵夜郎，出娘胎。

省他在，惹他怪[②]。

打圆场，下台阶。

姥姥不疼，舅舅不爱[③]。

姑娘出嫁，媳妇开怀[④]。

只有错买，没有错卖[⑤]。

哄吓诈骗，讨好卖乖。

油多菜不坏，礼多人不怪。

常在河边走，哪能不湿鞋。

皇帝女儿不愁嫁，勺道丫头崴到崴[⑥]。

新官上任三把火，纱帽一戴嘴就歪[⑦]。

---

① 【能大姐，有头晒】能大姐，指能力强且善于表现的中青年女子；有头晒，指事情有了一定的眉目和头绪。

② 【省他在，惹他怪】意谓好心为对方节省，却惹得对方见怪，认为看不起他。

③ 【姥姥不疼，舅舅不爱】形容受到多方冷落，得不到关爱。

④ 【开怀】指妇女第一次生育。

⑤ 【只有错买，没有错卖】指卖家知道货物的好坏，而买家并不能完全知情，因而买家多吃亏。

⑥ 【勺道丫头崴到崴】取笑女孩为追求时尚，走路时故意扭动身体，含贬义。崴，江淮方言读作 wái。

⑦ 【纱帽一戴嘴就歪】形容人一旦做官之后就摆架子。

五

隔夜茶，口水菜[①]。

千不该，万不该。

家要败，出妖怪。

睡大觉，开小差。

眼睛一夹，两手一排[②]。

吃饭咂嘴，饿鬼投胎。

死寡易守，活寡难挨。

哭到眼瞎，笑得嘴歪[③]。

头顶锅盖卖，人情大似债。

只听楼梯响，不见人下来。

把棺材本[④]搭进去，将喝奶劲使[⑤]出来。

胳膊拗不过大腿，光脚不在乎穿鞋[⑥]。

① 【口水菜】指别人吃剩的菜。

② 【眼睛一夹，两手一排】眼睛一夹，即眼睛闭上；两手一排，即两手肘霸道地向左右张开。排，江淮方言读作 pāi。

③ 【哭到眼瞎，笑得嘴歪】意谓伤心至极，高兴至极。

④ 【棺材本】指养老的本钱。

⑤ 【使】使出。江淮方言读作 sěi。

⑥ 【胳膊拗不过大腿，光脚不在乎穿鞋】前句比喻弱小一方敌不过强大一方；后句比喻一无所有就不会有所顾虑。拗，读作 ào。

六

鸭舌帽，虎头鞋。

独木桥，合面街[①]。

眼窝浅，身子膪[②]。

皮打皱，手冻拽[③]。

旧的不去，新的不来。

一步到位，十月怀胎。

骑龙驾虎，拿佯作怪[④]。

放马后炮，挂免战牌。

张飞杀猪卖，刘备打草鞋[⑤]。

虎走山还在，山在虎还来[⑥]。

石看纹理山看脉，人看志气树看材。

一个婆婆歪歪嘴，十个婆婆嘴歪歪[⑦]。

---

① 【合面街】两侧都有商铺的街道。

② 【眼窝浅，身子膪】眼窝浅，指爱占眼前小便宜；身子膪，形容笨手笨脚，不灵活。膪，读作 chuài。

③ 【拽】手脚因受冻而麻木，不听使唤。拽，江淮方言读作 zhuāi。

④ 【骑龙驾虎，拿佯作怪】骑龙驾虎，比喻开始做事，势头很大；拿佯作怪，形容假意推让。

⑤ 【张飞杀猪卖，刘备打草鞋】意谓英雄人物早年都地位低下，多能鄙事。

⑥ 【虎走山还在，山在虎还来】比喻双方争斗互不相让。

⑦ 【一个婆婆歪歪嘴，十个婆婆嘴歪歪】比喻同类的人都有相似的品行。歪嘴、嘴歪，都表示婆婆对儿媳妇不满。

七

薅羊毛，割韭菜[①]。

讲蛮理，乱出牌。

脚底板，天灵盖[②]。

抵着面，磨不开[③]。

来者不善，善者不来。

甩手老板，地主老财。

一代保一代，孙子当客待。

家中惯宝宝，走路打斋斋[④]。

眨巴眼养瞎子，一代不如一代。

讲起来想起来，抓起来痒起来。

裁缝屁股坐到烂，瘫子走路有得硙[⑤]。

和尚见钱经也卖，瞎子见钱眼也开。

① 【薅羊毛，割韭菜】薅羊毛，比喻占公家便宜；割韭菜，比喻采取间隔的方法不断地获取某种利益。薅，用手拔，读作 hāo。

② 【天灵盖】指人或某些动物的头顶的骨头。

③ 【磨不开】遭遇尴尬，转不过面子。

④ 【打斋斋】形容走路重心不稳的样子。斋，本作“侧”，倾斜不正，读作 zhāi。

⑤ 【硙】形容缓慢移动，义同“挨”，读作 ái，江淮方言又有 rái、yé 等不同发音。

八

才加势，走上来[①]。

差一看，解不开[②]。

一共总，如在外[③]。

两不找，三七开。

萝卜白菜，各有所爱。

棋逢对手，将遇良材。

丑人多作怪，秃子找花戴。

人在家中坐，祸从天上来。

吃素修行到老，一只虾子破戒[④]。

明人不做暗事，软藤能捆硬柴[⑤]。

捆绑做不成夫妻，逼迫做不成买卖。

只有不快的斧子，没有剖不开的柴[⑥]。

① 【才加势，走上来】加势，指刚刚开始(做某事)。走上来，指事情的开始。

② 【差一看，解不开】差一看，显得逊色；解不开，对事理不能明白，想不通。解，思考，读作 xiè。

③ 【如在外】即另外。

④ 【吃素修行到老，一只虾子破戒】比喻一件小事导致前功尽弃，功败垂成。

⑤ 【软藤能捆硬柴】比喻用柔性策略可以战胜强硬的对手。

⑥ 【只有不快的斧子，没有剖不开的柴】比喻主观努力才是成功的关键。

九

戴高帽，穿小鞋[①]。

照大对[②]，吃得开。

杀千刀，绝八代。

落骂名，划不来。

三个钱买，两个钱卖。

折本倒算，破财消灾。

不怕客不买，就怕客不来。

钝刀子割肉，破罐子破摔[③]。

嘴巴勤身子懒，饿不死胀不坏。

四五八八五四，睡不着嫌床歪[④]。

从眼皮底下溜走，哪阵风把你吹来[⑤]。

占着茅坑不拉屎，拖着裹脚靸着鞋[⑥]。

① 【戴高帽，穿小鞋】比喻对人说恭维话，暗中却刁难别人。

② 【照大对】形容简单地敷衍、应对一下。

③ 【钝刀子割肉，破罐子破摔】前句比喻说话、做事不干脆，不爽快；后句比喻已经弄坏了的事就干脆不管不顾，任其朝更坏的方向发展。

④ 【四五八八五四，睡不着嫌床歪】前句比喻翻来覆去都是一回事，也说“五八四，八五四”；后句比喻对错误不从自身找原因，而是归咎于客观因素。

⑤ 【哪阵风把你吹来】客套语，表示对别人到来的欢迎。

⑥ 【拖着裹脚靸着鞋】形容穿着邋遢。裹脚即裹脚布；靸，把鞋后跟踩在脚下，江淮方言读作 sè，入声。

十

两搭界，一路来[①]。

捣人巧，望人呆[②]。

催命鬼，风流债。

敲竹杠[③]，发横财。

拿不出手，朋友不外。

力气浮财，用掉又来。

冷是冷在风，穷是穷在债。

黑得像麸炭，瘦得像麻秸。

宁惹亲戚不快，莫为亲戚驮债。

吃一亏长一智，打坎子[④]让人猜。

掰[⑤]一分钱作两半子花，欠一屁股搭两胯子债。

不晓得虾子哪头放屁，没摸到老坟就哭起来[⑥]。

---

① 【两搭界，一路来】两搭界，两方交界处；一路来，一直以来，一向。

② 【望人呆】意谓占别人的便宜，奸诈地侵占别人的利益。

③ 【敲竹杠】利用别人的短处或不利地位，从中渔利。

④ 【打坎子】指谈话中用隐语。

⑤ 【掰】用手把东西分开或折断，读作 bāi。

⑥ 【不晓得虾子哪头放屁，没摸到老坟就哭起来】前句比喻人不明事理；后句比喻没有找到问题症结就胡乱作为。

十一

湿柴打秤，小伢煞怀[①]。
抵得笔直[②]，打得活该。
高山打鼓，名声在外。
一表堂堂，我的乖乖[③]！
想想不该讲[④]，话又说回来。
人在人情在，人走两散开。
人有见面情，低头就是拜[⑤]。
走不尽的路，学不尽的乖。
后山上不缺土，门口塘没盖盖[⑥]。
望得眼睛滴血，疼得心果直甩[⑦]。
吓得虱子都抖掉[⑧]，馋似饿牢放出来。
粑粑好吃磨难硙[⑨]，樱桃好吃树难栽。

---

① 【湿柴打秤，小伢煞怀】打秤，指通过添加水分或密度使物体称起来重量增加；煞怀，指婴儿长得实在，抱在怀里感到沉重。

② 【抵得笔直】指当面揭穿对方的诡计，让其进退失据、哑口无言。

③ 【我的乖乖】感叹词，表示惊叹。

④ 【想想不该讲】言谈时表示绝不可能。

⑤ 【低头就是拜】意谓低头认错就相当于行了跪拜礼，应该得到谅解和宽恕。

⑥ 【后山上不缺土，门口塘没盖盖】两句都是催促人去死的詈语。

⑦ 【心果直甩】形容心跳加速。

⑧ 【吓得虱子都抖掉】形容因惊吓而颤抖得厉害。虱子，寄生在动物皮毛间或人的头皮上的血吸虫，江淮方言读作 sè zi。

⑨ 【硙】指用力使石磨磨盘慢慢转动，读作 ái，江淮方言又有 rái、yé 等不同发音。

十二

尖心摩胆，作古弄怪①。

洋七三广，口水拉歪②。

使牛打耙，担山押海③。

一个愿打，一个愿挨。

哭的尽他哭，抬的只管抬④。

花钱买罪受，烧香引鬼来。

养儿子没屁眼，把赌咒当小菜。

将名字倒着写，把眼果抠下来⑤。

大路不平有人铲，酱缸倒了架子在。

跩得二五成一十⑥，忙得屁股打箩筛。

独老母鸡怕老鹰打，火星秃子怕太阳晒⑦。

小夫妻也会牙碰舌，吃五谷哪能不生灾⑧。

---

① 【尖心摩胆，作古弄怪】尖心摩胆，形容极尽心思(做某事)；作古弄怪，形容做事追求怪异。

② 【洋七三广，口水拉歪】洋七三广，形容言行浮而不实；口水拉歪，形容口水流个不停的邋遢相。

③ 【使牛打耙，担山押海】使牛打耙，指农活中的重活；担山押海，形容付出很大力量，多用作讥讽。使，江淮方言读作 sěi。

④ 【哭的尽她哭，抬的只管抬】指不受外界干扰，去做自己的事。旧时乡下出丧时的场面，亲人哀嚎不舍，抬重的人不加理会，径直抬去。

⑤ 【养儿子没屁眼……把眼果抠下来】这四句都是赌咒语，表示不可能的决绝之辞。

⑥ 【跩得二五成一十】形容某人装腔作势、显得很了不起的样子。跩，读作 zhuǎi。

⑦ 【独老母鸡怕老鹰打，火星秃子怕太阳晒】前句比喻单个事物容易成为攻击的对象；后句比喻固有的缺点怕被人指出。火星秃子，一种生于头部皮肤癣菌感染性疾病，又叫“白秃疮”。

⑧ 【小夫妻也会牙碰舌，吃五谷哪能不生灾】这两句用作劝慰语，前句用于调解夫妻双方争吵，后句用于宽慰病人。

第三部　安韵

一

说大话，使[①]小钱。

打个短，图个安。

大肚汉，小心眼。

眼不见，心不烦。

跌尽了相，输红了眼。

屁股一磨，两手一摊。

前不巴[②]村，后不巴店。

高帽好戴，小鞋难穿[③]。

宁欠阎王债，莫少小鬼钱[④]。

睁眼讲瞎话，裤头改汗衫[⑤]。

当家才知柴米贵，有钱不买半年闲[⑥]。

只怪人无前后眼，忙得一晃二十三[⑦]。

① 【使】花费，江淮方言读作 sěi。

② 【巴】靠近。

③ 【高帽好戴，小鞋难穿】比喻乐于别人的恭维，而苦于别人的刁难。

④ 【宁欠阎王债，莫少小鬼钱】比喻不要与贪狠难缠的市井小人打交道。

⑤ 【裤头改汗衫】比喻由低层次上升到高层次。合肥有歇后语“裤头改汗衫”“鞋底改帽招”，隐喻“上去了”。

⑥ 【有钱不买半年闲】意谓不要买那些长期闲置不用的东西。

⑦ 【一晃二十三】指事情应接不暇。

二

杂牌货，草台班。

牙齿快，眼睛尖①。

有多远，滚多远。

起来宴，不赶间②。

嘴甜心苦，十不当顽③。

有钱买马，无钱置鞍。

磨要勤锻④，账要勤算。

好借好还，再借不难。

不听老人言，吃亏在眼前。

姜是老的辣，醋是陈的酸。

仰你糍粑塞你嘴⑤，赢了官司输了钱。

横着扁担嫌路窄，不会撑船怪河弯。

---

① 【眼睛尖】形容眼力好。尖，锐利。

② 【起来宴，不赶间】起来宴，起床迟了，宴，读 àn，迟；不赶间，错过合适的时间点。

③ 【十不当顽】形容人性情强悍，难与人相处。

④ 【磨要勤锻】石磨要经常锻凿。旧时石磨使用一段时间后，磨齿就会逐渐磨平，必须经过铲凿使磨齿锋利才能碾碎谷物颗粒。

⑤ 【仰你糍粑塞你嘴】比喻用对方的惯用的说辞或做法还击对方。仰，依靠或借用对方的手段，江淮方言读作 liǎng。

三

单不单，一连三[①]。

节骨眼，鬼门关。

孤老相，棺材脸。

猫三天，狗三天[②]。

把改口费，塞门缝钱[③]。

睡一觉醒，走一小间[④]。

钱怕零花，账怕总算。

人上有人，天外有天。

风吹墙头草，脚踩两条船。

忙得像二小，装得像真三[⑤]。

生意不当生意做，豆腐盘成肉价钱[⑥]。

白天听说鸡好卖，连夜磨得鸭嘴尖[⑦]。

---

① 【单不单，一连三】民俗认为，灾祸通常发生三次才算告一段落或不会再发生。

② 【猫三天，狗三天】比喻人的性情时好时坏。

③ 【把改口费，塞门缝钱】民间婚姻的两种习俗。把改口费，指订婚或结婚时，一方需要按照对方身份称呼对方父母和长辈，对方父母和长辈则给予红包以表示认可和祝福。塞门缝钱，指结婚当天，新郎来到新娘家迎亲，女方家大门或闺门紧闭，新郎必须将红包塞入门缝，待满足了房内亲友后，门才会打开，这是一种活跃喜庆气氛的方式。

④ 【睡一觉醒，走一小间】睡一觉醒，指中老年人夜间睡觉常常自然地醒一次；走一小间，即走一小段路。

⑤ 【忙得像二小，装得像真三】形容忙得很，装得像真的一样。二小，跟随主人的贴身奴仆。真三，似取“真”字之意。

⑥ 【豆腐盘成肉价钱】比喻由于烦琐或不当的手法，为低廉的东西或简单的事情反而付出了很大的代价。

⑦ 【白天听说鸡好卖，连夜磨得鸭嘴尖】比喻见有利可图，便挖空心思以假充真。

四

拉大锯，打通关①。

讹不少，空人钱。

憋口气，寒着脸②。

少年白，老年斑。

宁卯一村，不卯一店③。

生意折本，买卖长钱④。

一个唱红脸，一个唱白脸。

好花开一树，烂柴倒一湾⑤。

有家财万贯，不如出个硬汉。

王小二过年，一年不如一年。

少年夫妻老来伴，一日不见问三遍。

孬子种着刁子田，刁子花着孬子钱。

---

① 【拉大锯，打通关】拉大锯，比喻相互间来回拉扯；打通关，指筵席上一个人与在座所有人依次喝酒。

② 【憋口气，寒着脸】憋口气，指胸口发闷，也指为达到某个目标而暗自发狠、努力；寒着脸，形容脸上显示不高兴的神色。

③ 【宁卯一村，不卯一店】宁可大家都不给，也不能落下其中个别人。卯，遗漏。

④ 【长钱】赚取利润。

⑤ 【好花开一树，烂柴倒一湾】比喻优秀的人都出于一处，而没有出息的人也都出于一处。

五

避星宿，短脾寒[①]。

点把点，单另单[②]。

龙虎榜，夫妻店。

一阵干，一阵淹[③]。

远在天边，近在眼前。

老人单过，身子抻坦[④]。

轻担让重担，空手让挎篮。

猪蹄煮千滚，总是朝里弯[⑤]。

要抱母鸡下蛋，让麻雀子看蚕[⑥]。

猪吃麦羊去赶，打一杵换一肩[⑦]。

害汉子怕听鬼叫唤[⑧]，现上轿现穿耳朵眼。

一文钱难倒英雄汉，五阎王不少小鬼钱。

---

① 【避星宿，短脾寒】避星宿，迷信认为凶星下界，某些人要躲避，以免破坏一年的运势；短脾寒，阻止疟疾（打摆子）的延续。星宿，凶星，读作 xīng xiù；短，拦，阻断，如短车、短嘴、短奶、短财路等。

② 【点把点，单另单】点把点，即一点点；单另单，单独，另外。

③ 【一阵干，一阵淹】比喻事情发展走向两个极端，要么不足，要么过剩。

④ 【抻坦】形容自由、舒畅。抻，读作 chēn。

⑤ 【猪蹄煮千滚，总是朝里弯】比喻人无论怎样，总是考虑自身利益或袒护着自己一方。

⑥ 【要抱母鸡下蛋，让麻雀子看蚕】前句比喻不可能实现的事，抱母鸡，正在孵蛋或者是看护小鸡的母鸡；后句的歇后语是“越来越少”。

⑦ 【猪吃麦羊去赶，打一杵换一肩】前句中猪羊都会吃青苗，比喻让有缺点的人去处理或替代犯同样错误的人和事，导致恶性循环；后句比喻做事要循序渐进，山间挑夫每行进百米左右，即用“杵”撑住担子稍息，换肩继续前行。

⑧ 【害汉子怕听鬼叫唤】意谓本已戒除不良嗜好，但经不住诱惑而再次沾染。也比喻身处危境的人对不祥的征兆心生恐惧和忌讳。

六

做针线，缝补连。

紧箍咒，口头禅。

打转转，冒险险[①]。

人争气，火争烟。

心里默算，腰里[②]有钱。

吃乌龟肉，装王八憨[③]。

内病不治喘，外病不治癣[④]。

人有小九九，天有大算盘[⑤]。

吃人家的嘴短，拿人家的手软。

鸡窝里出凤凰，祖坟上冒青烟[⑥]。

有钱王八大三辈，光棍不输割根钱[⑦]。

死鬼不离孤魂坛[⑧]，英雄难过美人关。

---

① 【冒险险】表示差点就(发生不好的结果)。

② 【腰里】衣服口袋里。旧时人们习惯把银两、荷包等掖或别在腰带里，如腰缠万贯。

③ 【吃乌龟肉，装王八憨】比喻装呆，对自己得到的好处佯装不知道。

④ 【内病不治喘，外病不治癣】旧时以哮喘、癣疾为难治之病。

⑤ 【人有小九九，天有大算盘】比喻人内心的谋划、算计，都逃不过上天神明的洞察和惩罚。

⑥ 【祖坟上冒青烟】意谓某家族要出大人物。

⑦ 【光棍不输割根钱】比喻做事留有余地，不能全部输光赔尽。

⑧ 【死鬼不离孤魂坛】迷信认为人死后的魂灵常在魂坛游荡，比喻人犯错误或犯罪都有其特定的环境。

七

死脑筋，实心眼。
聒聒博，讲比谈[①]。
说一千，道一万。
穷光蛋，车点钱[②]。
水米不进，酒肉煞馋。
鸡毛小见，大话撩天[③]。
买便宜柴，烧夹生饭[④]。
拿绳子绯[⑤]，用针线连。
大懒使[⑥]小懒，小懒不动弹。
只有船靠岸，哪有岸就船[⑦]。
羊角插进篱笆里，伸头容易缩头难[⑧]。
老的活到八十三，小的没过童子关。

① 【聒聒博，讲比谈】聒聒博，指几个人在一起谈心，又叫“聒淡”。讲比谈，即谈心。

② 【车点钱】向别人借钱。车，周转。

③ 【鸡毛小见，大话撩天】鸡毛小见，形容见识狭隘，局限于个人利益。大话撩天，形容说话浮夸，吹嘘。

④ 【买便宜柴，烧夹生饭】比喻本想占便宜，反而吃了亏。

⑤ 【绯】用线或绳索将物体捆住、系紧，读作 kè。

⑥ 【使】指派，江淮方言读作 sěi。

⑦ 【只有船靠岸，哪有岸就船】比喻只能是次要或弱势的一方依附于主要或强势的一方，而不是相反。

⑧ 【羊角插进篱笆里，伸头容易缩头难】比喻进入某个领域很容易，但若退出，就会有很多限制、障碍。

八

铁匠难，剪子镰[①]。

要得油，缓缓尖[②]。

迎头錾[③]，窝里反。

卖肥田，买荒山[④]。

几人掺伙[⑤]，大家逗钱。

河长多滩，路长多弯。

不怕山高，就怕脚软[⑥]。

君子一言，快马一鞭。

拿人不吃劲，歪着斧子砍[⑦]。

黄牯是黄牯，价钱是价钱[⑧]。

饿狗不离茅厕路，肥水不流外人田。

强中更有强中手，高山背后有高山。

---

① 【铁匠难，剪子镰】意谓剪子和镰刀等物件的刀口火候是铁匠最难把握、最难制作的。

② 【要得油，缓缓尖】旧时油匠使用木楔榨油，要慢慢嵌入，比喻做事不可急躁，宜徐徐图之。

③ 【迎头錾】两人不期而遇。錾，碰撞，读作 zàn。

④ 【卖肥田，买荒山】舍去有价值的东西，获取没有价值的东西，比喻没有算计，得不偿失。

⑤ 【掺伙】即合伙，又叫“叉伙”。

⑥ 【不怕山高，就怕脚软】比喻困难并不可怕，可怕的是没有坚强的毅力。

⑦ 【歪着斧子砍】指偏袒一方，打击另一方。

⑧ 【黄牯是黄牯，价钱是价钱】意谓质量好的物品，价格相应也高。黄牯，雄性黄牛，因其体质强健，四肢有力，多用来耕地或拉车。

九

桃花雪，倒春寒。
汽汗水，雾露天。
六月间，淌掉汗。
焐燥热，火烧天[①]。
喝抓周酒，吃百家饭[②]。
打蹲蹲站，骑马马肩[③]。
龙多作旱，人多作乱[④]。
管家三年，猫狗都嫌。
养鸡落个蛋，烧柴图个炭[⑤]。
看牛为犁田，养猪为过年。
张郎有钱不会用，李郎会用却无钱。
人无笑脸休开店，朝中无人莫做官。

---

① 【火烧天】指早晨或傍晚时分在天空出现的通红的云彩。

② 【吃百家饭】指幼儿若体弱多病，家人即向远近邻居讨要少许米粒，煮熟喂食幼儿，以祈求其受百家庇护，祛病消灾。

③ 【打蹲蹲站，骑马马肩】打蹲蹲站，幼儿在学走路之前练习站立。骑马马肩，小孩骑坐在大人两肩上。

④ 【龙多作旱，人多作乱】意谓人多了，各自为是，反而办不成事。

⑤ 【养鸡落个蛋，烧柴图个炭】比喻人做事总有最基本的动机。

十

事稀罕，人不凡。

刀锋快，柴焦干。

鳖瞅蛋，干瞪眼[①]。

一刻刻，十望天[②]。

反咬一口，搂头一拳。

打得不屈，骂得煞馋。

拨火嫌长，撑门嫌短[③]。

村话[④]难听，孤老可怜。

钱到公事办，火到猪头烂。

两眼一抹黑，隔行如隔山。

青皮萝卜紫皮蒜，扛头女子低头汉[⑤]。

鬼怕恶人蛇怕棍，人要衣裳马要鞍。

---

① 【鳖瞅蛋，干瞪眼】鳖瞅蛋，谑指目不转睛地看着；干瞪眼，形容在一旁着急而又无能为力的样子。瞅，江淮方言读作 cǒu。

② 【一刻刻，十望天】一刻刻，一会儿，片刻；十望天，即十多天。刻刻，江淮方言读作 ká ká。

③ 【拨火嫌长，撑门嫌短】比喻人才能有限、处在不适用的境地。

④ 【村话】不文雅的俗话。

⑤ 【青皮萝卜紫皮蒜，扛头女子低头汉】青皮萝卜和紫皮大蒜都具有呛人的辣味，用以比喻仰着头走路、放肆泼辣的女子和低头走路、善于算计、城府极深的男子，指这两类人都不好相处。

十一

脸煞白，眼直翻。

头生疼，腰几酸[①]。

药哇苦[②]，汤精淡。

鱼瘟臭，菜齁咸[③]。

烟不饱肚，屁不肥田。

棍打不动，滴酒不沾。

念紧箍咒，打马虎眼。

捧铁饭碗，吃定心丸。

忙了一大气[④]，还不如人愿。

耳朵根子软，馋猫鼻子尖。

宁丢祖上一庄田，不丢饭后一袋烟。

打着灯笼找不到，讨饭三年懒做官[⑤]。

① 【头生疼，腰几酸】头很疼痛，腰很酸痛。

② 【哇苦】味道非常苦。

③ 【齁咸】特别咸。齁，读作 hōu。

④ 【一大气】（努力）很长一段时间，或费了很大的力。

⑤ 【讨饭三年懒做官】形容人长期无所事事，养成懒惰习性，难以改变。

十二

狗屎账，趸断钱[①]。

孤老相，猪头三[②]。

有贼心，没贼胆。

一阵[③]走，连锅端。

站着放债，跪着讨钱[④]。

两手一摊，一毫不担[⑤]。

人人装佯[⑥]，个个躲懒。

掯[⑦]着头看，捧着手玩。

有心开饭店，不怕大肚汉。

三年不开张，开张吃三年[⑧]。

身在曹营心在汉，上肩容易下肩难[⑨]。

有缘千里来相会，自古嫦娥爱少年。

---

① 【狗屎账，趸断钱】狗屎账，不值一提的经济往来。趸断钱，整数的现金。趸，读作 dǔn。

② 【孤老相，猪头三】孤老相，形容人不和善、不与人交往的态度；孤老，无配偶，无子女的老人。猪头三，指性情蛮横、思维简单的人。两词含贬义。

③ 【一阵】一起。

④ 【站着放债，跪着讨钱】形容贷方放债容易讨债难。

⑤ 【两手一摊，一毫不担】形容推卸责任。

⑥ 【装佯】假装不知道。

⑦ 【掯】低着头，江淮方言读作 kèn。

⑧ 【三年不开张，开张吃三年】意谓门店生意看似冷清，但每做一次都有丰厚的利润。

⑨ 【上肩容易下肩难】愿意为挑担子上肩、下肩，意谓接受任务容易，完成任务艰难。

十三

铁饭碗，压岁钱。

摇钱树，敲门砖。

端人碗，受人管。

推大磨，犁板田[①]。

有钱男子汉，没钱汉子难。

有理三扁担，无理扁担三[②]。

小孩望过年，大人望插田。

七十不留宿，八十不留餐。

不问有钱没钱，剃个光头过年。

睁只眼闭只眼，过一天算一天。

下雪不冷化雪冷，杀猪容易翻肠难[③]。

新盖房子响三年，新娶媳妇讲三年[④]。

① 【推大磨，犁板田】推大磨，比喻轮流、周而复始地做某事。犁板田，秋收后田泥板结，为使来年田泥松软调和，农民在秋冬时节必须犁田，其时人和牛都非常辛苦，因此，犁板田又比喻艰难前行。

② 【有理三扁担，无理扁担三】意谓不分青红皂白，统统否定或惩罚。

③ 【杀猪容易翻肠难】比喻做主要事情并不难，难的是那些次要的、繁杂的事情。

④ 【新盖房子响三年，新娶媳妇讲三年】比喻新事物需要长时间调整、磨合，才能慢慢适应环境。新盖的土木房屋，由于受力不均，长时间地咔咔作响；新媳妇要长时间地训导，才堪当家务。

十四

说话陡[①],嘴巴甜。

歪一下,睡不眠[②]。

驴不走,磨不转[③]。

不咋地,赫胡天[④]。

空口讲白话,酒后吐真言。

比虾子都直,比吃屎还难[⑤]。

人怕三对面,树怕一墨线[⑥]。

老师傅失手,阴沟里翻船。

做事阴死阳活,讲话山高水远。

公鸡头子开叫,聋子耳朵会安[⑦]。

会做媳妇两头瞒,不会做媳妇两头传[⑧]。

抱着杨树蔸洗澡[⑨],渴得喉咙管冒青烟。

---

① 【话说陡】形容说话方式不委婉,有意见就直说。

② 【歪一下,睡不眠】歪一下,形容稍微睡一会儿;睡不眠,睡不踏实。

③ 【驴不走,磨不转】比喻没有行动和努力就不会有效果。

④ 【赫胡天】形容吹嘘到极点。

⑤ 【比虾子都直,比吃屎还难】两句是戏谑说法。前一句比喻不够爽直;后一句比喻难以办到。

⑥ 【人怕三对面,树怕一墨线】意谓三人对质就能搞清事情的真相,就像用墨线能将弯曲的木料裁直一样。

⑦ 【公鸡头子开叫,聋子耳朵会安】前一句比喻男孩到了性成熟期,即将成人;后一句意思是耳聋的人因为听力障碍,对对方的表达多凭主观臆断,因而常常出错,张冠李戴。

⑧ 【会做媳妇两头瞒,不会做媳妇两头传】意谓女子出嫁之后,对娘婆两家的事不要来回搬弄,造成亲家矛盾。

⑨ 【抱着杨树蔸洗澡】本句的歇后语是“稳稳当当”。

十五

人在做，天在看[①]。

不赫显，小算盘[②]。

也不长，也不短[③]。

一而再，再而三。

跨个门槛，又吃两碗。

往日无仇，今日无怨。

宁养三不闲，不养一可怜[④]。

瘦得皮包骨，翻得底朝天。

弯弯扁担不断，愿吃狗屎鲜甜[⑤]。

送人送到路口，送佛送到西天。

曹操倒霉遇蒋干，小菜倒霉遇稀饭[⑥]。

人怕出名猪怕壮，鬼怕恶人牛怕鞭。

① 【人在做，天在看】告诫人们一切行为都要符合道德规范，对得起天地良心。

② 【不赫显，小算盘】不赫显，不多，不出众；小算盘，比喻对个人私利的打算、安排。

③ 【也不长，也不短】表示既不赞成也不反对的态度。

④ 【宁养三不闲，不养一可怜】意谓调皮捣蛋的小孩比呆头呆脑的小孩有潜力，值得培养。三不闲，指调皮好动、捣乱生事的小孩；可怜，指智商低下、无所作为的小孩。

⑤ 【弯弯扁担不断，愿吃狗屎鲜甜】前一句比喻人时常生病，身体羸弱，生命却无大碍。后一句比喻心甘情愿地去做别人不屑的事。

⑥ 【曹操倒霉遇蒋干，小菜倒霉遇稀饭】比喻遭遇强劲的对手。

十六

里外里,先不先[①]。

背靠背,颠倒颠。

童子痨,不长远[②]。

无名火,一溜烟。

一家打墙,两家好看[③]。

逢人减岁,遇货加钱[④]。

热天要出汗,冷天要打战[⑤]。

好人不长寿,祸害一千年。

发物东西不吃,犯法事情不干。

又想南京买马,又想北京置鞍[⑥]。

今日不知明日事,今年怎敢保来年。

今晚脱下鞋和袜,不知明朝穿不穿。

---

① 【里外里,先不先】里外里,指两方面合计;先不先,即首先。

② 【不长远】形容来日无多,通常指危重病人即将死去。

③ 【一家打墙,两家好看】意谓一方做的事情,对双方都有好处。旧时农村建房筑土墙,两面都要拍打得光滑而平整。

④ 【逢人减岁,遇货加钱】这是一种圆滑的处人、处事之道:说别人的年龄要比实际年龄小,说别人的物品要比实际价格贵,这样能获得对方好感。

⑤ 【热天要出汗,冷天要打颤】意谓人在适应环境时有各种反应都是正常的。

⑥ 【又想南京买马,又想北京置鞍】比喻美好的想法很多,但难以实现。

十七

饼饼脸，含含肩。

头搭尾，地包天①。

擦狗屎，偷猫饭②。

穷光蛋，可卵怜。

驼子作揖，起手不难③。

亲望亲好，邻望邻安。

相打无好拳，相骂无好言。

可着嗓子喊，出气带冒烟④。

遇偏心的父母，叫不应的皇天⑤。

卖瓜的说瓜甜，卖醋的说醋酸。

晒不死的马齿苋，打不趴的穷光蛋。

背着抱着一样重⑥，伤筋动骨一百天。

---

① 【地包天】地包天，指下颌前突、上牙槽及上唇后缩的现象。

② 【擦狗屎，偷猫饭】擦狗屎，比喻跟在后面收拾烂摊子；偷猫饭，比喻已订婚的男女婚前发生性行为。

③ 【驼子作揖，起手不难】比喻具备先天优势，事情开头就很容易做到。

④ 【可着嗓子喊，出气带冒烟】前句意谓大声叫喊；后句指干缺德事。

⑤ 【遇偏心的父母，叫不应的皇天】意谓父母偏心，子女是没有办法诉说的。

⑥ 【背着抱着一样重】比喻不管形式怎样改变，压力都是一样。背，（人）用脊背驮，读作 bēi。

十八

淌虚汗，打脾寒[①]。

漫酸水，心作翻。

笼着手，吃干饭。

宝贝蛋[②]，捧上天。

走狗屎运[③]，乘顺水船。

住城隍庙，求上上签。

见婚姻说成，遇官司说散。

卖狗皮膏药，打如意算盘。

老虎追来，还要看是公是母。

被人卖了，还要帮人家数钱。

王麻写字王麻认，旋的不圆砍的圆[④]。

一门不到一门黑[⑤]，一家不知一家难。

---

① 【打脾寒】即疟疾，俗称“打摆子”。

② 【宝贝蛋】长辈对心爱的晚辈儿童的昵称。

③ 【走狗屎运】意谓碰上一点小运气，是对生活中意外小收获的调侃说法。

④ 【旋的不圆砍的圆】按常理应是“砍的不圆旋的圆”，此句比喻事理反常。旋，即用刀子转着圈地削。

⑤ 【一门不到一门黑】意谓不进入某领域，就不了解该领域的情况。

十九

耳不听，心不烦。

眼不看，嘴不馋。

人不死，债不烂。

碰钉子，打踢绊[①]。

火越烘越寒，觉越睡越绵[②]。

七老八十三，坐倒一大摊。

张飞穿针线，大眼瞪小眼。

木匠手艺全，要靠漆匠圆[③]。

烂柿子换核桃，吃硬不吃软。

百家姓去掉赵，开口就是钱。

白面书生图个看，黑黑黪黪[④]是条汉。

传子传媳不传女[⑤]，隔层肚皮隔层山。

---

① 【打踢绊】指遇到意外而使事情暂时中止。

② 【觉越睡越绵】意谓老是躺在床上，就会浑身无力。

③ 【木匠手艺全，要靠漆匠圆】意谓木匠制作器物上的缝隙、凹凸不平要靠漆匠刮灰弥补，才能掩饰。

④ 【黑黑黪黪】形容男子肤色黝黑强健的样子。黪，读作 cǎn。

⑤ 【传子传媳不传女】这是旧时工匠对秘密技艺不外传的继承规则，是一种保守、狭隘的家庭伦理观念。

二十

水颈罐，努花碗[①]。

白化蛇，黑狗肝[②]。

锅巴汤，老米饭[③]。

土老帽，活神仙。

七岁八岁，猫狗都嫌。

一人动嘴，十人牙酸。

木鱼挨打，和尚得钱。

成天到晚，抹桌不干[④]。

有饭莫嫌烂，有牛莫嫌慢。

出门打个尖，家里吃一天。

黄鳝不怕钻田坎，泥鳅不怕泥糊眼[⑤]。

吃饭不晓得放碗，走路不晓得拐弯[⑥]。

---

① 【水颈罐，努花碗】水颈罐，指锅灶空隙处安装的烧热水的铁罐；努花碗，指旧时周围印有“努”字样的青花粗瓷碗。

② 【白化蛇，黑狗肝】白化蛇，比喻言语不实、行踪不定的人；黑狗肝，比喻人的肌肤或衣物黑而脏。

③ 【锅巴汤，老米饭】锅巴汤，在大锅饭的米饮汤中氽入锅巴，香软可口；老米饭，陈年糙米煮成的饭，有饱腹的调侃意味。

④ 【抹桌不干】形容来客络绎不绝，吃喝不断。

⑤ 【黄鳝不怕钻田坎，泥鳅不怕泥糊眼】比喻既然从事了某种职业，就不要怕其中的困难。

⑥ 【吃饭不晓得放碗，走路不晓得拐弯】形容人贪多务得，且思维简单，不灵活。

二十一

不怕慢，就怕站。

少包弹[①]，多包涵。

耍手腕，钻钱眼[②]。

打包票，结人缘。

打个照面，不开笑脸。

拉钩上吊，实不相瞒。

棒打鸳鸯，藕断丝不断。

一母所生，同地不同天[③]。

花钱买罪受，人无前后眼。

一步八个谎，不得人喜欢。

打一千，骂一万，三十晚上吃饱饭[④]。

半斤吃，半斤腌，寡汉头子是神仙。

① 【包弹】责备，批评，据传与宋代包拯勇于弹劾时弊有关。

② 【钻钱眼】比喻一心追求钱财。

③ 【同地不同天】指兄弟姊妹同母不同父。

④ 【打一千，骂一万，三十晚上吃饱饭】在过年时给耕牛、看家狗等家畜以饭菜的犒赏。

二十二

净大净，原还原[1]。

对过对[2]，难上难。

述迂子，炒现饭[3]。

压箱底[4]，私房钱。

手心出汗，腿肚发软。

属猪大肠[5]，钻牛角尖。

鸡唱歌生蛋，人唱歌要饭。

公鸡头上肉，大小是个冠[6]。

烧窑的没捉到，捉到个卖瓦罐。

拎起来一大挂，放下去一大摊。

鞋拔子拴鞋刷子[7]，破罐子有破价钱。

就坑屙屎带滴宕，车水捉鱼又灌田[8]。

① 【净大净，原还原】净大净，指完全是净货，没有附加成分；原还原，指物品还是原来的样子，没有变化。

② 【对过对】即当面，面对面。

③ 【述迂子，炒现饭】述迂子，指说话翻来覆去地唠叨；炒现饭，即炒剩饭，比喻重复做某件事。

④ 【压箱底】本指旧时放在箱底的一种情趣瓷器，后借指值得珍藏的物件或看家本领。

⑤ 【属猪大肠】这句的歇后语是“扶不起来”。

⑥ 【公鸡头上肉，大小是个冠】对为官者的戏谑之词，“冠”谐音“官”。

⑦ 【鞋拔子拴鞋刷子】比喻两人（通常指夫妻）形影不离。

⑧ 【就坑屙屎带滴宕，车水捉鱼又灌田】比喻一举两得。滴宕，指种子下地前，要在宕里铺垫一层农家肥，让种子发芽后有养料；车水，用水车将低处河、塘的水抽到高处田地灌溉。

二十三

老杆子，家班子[①]。

直肠子，转弯子[②]。

就胡子，打辫子[③]。

半吊子，卖关子。

两人抬杠，几人聒闲[④]。

双眼无路，寡话连天。

一个吹笛，一个捺眼[⑤]。

大路朝天，各走一边。

养儿不惜饭，打铁不惜炭。

人到夏至边，走路要人牵[⑥]。

遇到光棍吃饱饭，遇到眼子尽捣蛋[⑦]。

不看僧面看佛面，请神容易送神难[⑧]。

① 【老杆子，家班子】老杆子，指年纪大的人，也指有资历的人；家班子，一个家族内部成员之间关系的泛称。

② 【直肠子，转弯子】直肠子，比喻说话直来直去的人；转弯子，指劝导纷争的一方有体面地退让。

③ 【就胡子，打辫子】表示顺势利用某种有利的条件，完成相关工作。

④ 【聒闲】闲谈，随意聊天。

⑤ 【一个吹笛，一个捺眼】比喻一件事本来一人便可完成却让两个人做，造成劳动力浪费。也比喻彼此相互配合，十分默契。

⑥ 【人到夏至边，走路要人牵】夏至时节气温高，人容易犯困，浑身无力。

⑦ 【遇到光棍吃饱饭，遇到眼子尽捣蛋】意谓有能力、通晓事理的人会给人带来好处，不明事理的人只会捣乱。光棍，见多识广、通晓事理的人。眼子，不谙事理、常遭人捉弄的人。

⑧ 【不看僧面看佛面，请神容易送神难】前句比喻看在第三者的情面上，原谅或宽恕某一个人；后句比喻不要轻易请求某些人或某些势力的帮助，否则后果很严重。

二十四

撑杆子,篾爿子①。

鞋壳子,布纨子②。

针鼻子,饭黏子③。

丢点子④,收摊子。

满打满算,年把两年。

大腿拍肿,筷头嗍尖⑤。

饱带干粮,晴带雨伞。

铁板一块,磨盘两圆⑥。

宁走十步远,不走一步险。

不得掉爪子,找人琵琶弹⑦。

张家长,李家短,人家闲事我不管。

新三年,旧三年,缝缝补补又三年。

---

① 【撑杆子,篾爿子】撑杆子,旧时用竹和油纸或油布制成的雨伞;篾爿子,即竹片,爿,读作 pán。

② 【鞋壳子,布纨子】鞋壳子,旧时做布鞋前要将几层布用糨糊粘实,然后剪出鞋样;布纨子,碎布头。

③ 【针鼻子,饭黏子】针鼻子,针尾穿线的孔;饭黏子,少量的饭米粒。黏,读作 nián。

④ 【丢点子】下大雨之前的零星雨点。

⑤ 【大腿拍肿,筷头嗍尖】大腿拍肿,形容十分后悔;筷头嗍尖,形容经常无缘由地白吃人家。嗍,吮吸,读作 suō,入声。

⑥ 【铁板一块,磨盘两圆】铁板一块,比喻内部高度统一,难以分化;磨盘两圆,比喻做人圆滑,双方都不得罪。两短语都含贬义。

⑦ 【不得掉爪子,找人琵琶弹】前句形容被难缠的对象黏住、甩不开;后句比喻找对方麻烦或找人算账。爪,读作 zhǎo;“弹”谐音“谈”,即谈话。

二十五

哄得扬藏，死不烂蚕①。

坐九望十，黑七胡三②。

不成敬意，余情后感③。

主人好意，客人作弯④。

好人多磨难，菩萨不长眼⑤。

儿要宽心养，债要狠心还。

刁子扫一眼，孬子相到晚⑥。

三八二十三，与你何相干⑦。

老牛不吃烟，犁一生的板田⑧。

黑狗不吃烟，睡一生的屋檐。

自己做得一身汗，人家还说不中看。

卖酒三年该水钱，卖纸三年该鬼钱⑨。

① 【哄得扬藏，死不烂蚕】哄得扬藏，形容吵得十分厉害；死不烂蚕，形容人拖沓、没有精气神的样子。藏，读作 zàng。

② 【坐九望十，黑七胡三】坐九望十，指已经取得不错的成绩，对达到近期目标很乐观；黑七胡三，形容糊里糊涂，不明就里。

③ 【不成敬意，余情后感】表示感谢的客套语，意谓这次有失礼数，无法全面感谢，留待以后吧。

④ 【作弯】虚情假意的谦让。

⑤ 【菩萨不长眼】对上天不公的怨嗟之词。

⑥ 【刁子扫一眼，孬子相到晚】意谓聪明人反应敏锐，愚笨的人反应迟钝。

⑦ 【三八二十三，与你何相干】意谓即便自己错得离谱，也拒绝他人指正、劝告。

⑧ 【老牛不吃烟，犁一生的板田】此句连同下句，都是吸烟者为自己吸烟找的托词，意谓不吸烟者一生都很窝囊。

⑨ 【卖酒三年该水钱，卖纸三年该鬼钱】意谓所从事的生意不仅不赚钱，反而亏本。该，亏欠；纸，黄表纸，冥钱。

二十六

讲在明处，小而不言[①]。

双眼无路，百老归山[②]。

咸鱼拌饭，锅底刮烂。

掐指一算，金口玉言。

买千买万，不如买米煮饭。

不问不管，吃饭尽拿大碗。

喝了人参汤，吃了喜鹊蛋[③]。

大腿跷二腿，一套二十三[④]。

不问青红皂白，各打五十大板。

一粒米度三关，三粒米爬上山。

宁说人一千一万，莫说人偷人养汉。

离了萝卜也成席[⑤]，青菜豆腐保平安。

① 【小而不言】形容事情小得不足以说道。

② 【双眼无路，百老归山】双眼无路，指盲人，也比喻走投无路；百老归山，老人去世的委婉语。

③ 【喝了人参汤，吃了喜鹊蛋】形容人高兴、欢笑的戏谑语。

④ 【一套二十三】指说得头头是道。

⑤ 【离了萝卜也成席】比喻某人可有可无，无关大局。

第四部　江韵

一

火辣辣，水汪汪。

新崭崭，亮堂堂。

说他胖，他就吭[①]。

讲梦话，开簧腔[②]。

吃米带糠，吃菜带帮[③]。

捉贼捉赃，捉奸捉双。

家有两斗粮，不做孩子王。

饭后喝口汤，胜似开药方。

买稻田要看塘[④]，讲媳妇要看娘。

舍不得金弹子，打不到巧鸳鸯。

人多好栽大田秧，人少好喝瓦罐汤。

强中自有强中手，好汉做事好汉当。

① 【说他胖，他就吭】表示受到表扬，就骄傲起来。也说“说他胖，他就喘”。吭，气喘，江淮方言读作 hǎng。

② 【讲梦话，开簧腔】讲梦话，表示讲不切实际的话。开簧腔，表示乱说、说外行话。

③ 【吃米带糠，吃菜带帮】原指因生活艰难而节俭，现也指食用粗纤维食物的养生方式。

④ 【买稻田要看塘】意谓买稻田必须首先考虑水利灌溉。

二

通通亮，冰冰凉。

晃晃动，拢拢戗[①]。

腿发软，皮作胀[②]。

猫洗脸，牛打汪。

水跑跑煎，饭喷喷香。

作麻麻冷，打踉踉跄。

只愁不养，不愁不长[③]。

临阵磨枪，不快也光。

半斤对八两[④]，针尖对麦芒。

张郎送李郎，送到大天光[⑤]。

生意不成仁义在，墙里开花墙外香。

手心手背都是肉，刀切豆腐两面光[⑥]。

① 【拢拢戗】形容器物结构不牢、质量不高的样子。戗，读作 qiāng。

② 【皮作胀】大人欲打小孩的警告语。

③ 【只愁不养，不愁不长】意谓只担心生不下孩子，孩子生下就不用担心他长不大。

④ 【半斤对八两】比喻彼此一样，不相上下。旧时的老秤十六两一斤，八两即半斤。

⑤ 【大天光】天已大亮。

⑥ 【手心手背都是肉，刀切豆腐两面光】前句比喻对双方同样关爱，不分彼此；后句比喻为人圆滑，两面讨好。

三

婆婆嘴，娘娘腔。

实算小，穷大方。

亲兄弟，明算账。

有本事，人不瓤[①]。

毛头小伙，黄花姑娘。

上得厅堂，下得厨房。

一个娘养，一模生相。

娘家饭香，婆家饭长[②]。

花油吃在嘴上，板油吃在腿上[③]。

先生不如后养，扳罾不如撒网[④]。

好雨落在荒地里，鲜花插在牛粪上[⑤]。

家花不如野花香，野花不如家花长。

---

① 【人不瓤】形容人精明能干。瓤，本指瓜瓤，引申为软弱，读作 ráng。

② 【娘家饭香，婆家饭长】意谓女子出嫁后虽然对娘家情感深厚，但婆家才是安身立命之所。

③ 【花油吃在嘴上，板油吃在腿上】意谓猪油中的花油（附在肠道外的脂肪）只能饱饱口福，板油（附在腹部内壁上的脂肪）才能给人能量。

④ 【先生不如后养，扳罾不如撒网】意谓虽属同类或同行，但有高下之分。扳罾，一种在河边用竹木做支架的吊网捕鱼的方法，因为范围小，收获不及撒网捕鱼，罾，读作 zēng。

⑤ 【鲜花插在牛粪上】比喻貌美女子嫁给了邋遢、无能的男人。

四

水窠凼[①],干巴塘。

慢性病,急性癀[②]。

活见鬼,出洋相。

折大手[③],帮倒忙。

走路打晃,睡觉择床。

讲话搬嘴,座位认方。

天打雷劈,横生倒养。[④]

生灾害病,跌打损伤。

大安身不动[⑤],站着像个桩。

讨饭都没路,恨铁不成钢。

烂泥巴糊不上墙,烂木头做不了梁。

自己老坟哭不尽,还哭人家瘐头岗[⑥]。

① 【水窠凼】地上积水的洼地。窠凼,读作 kē dàng。

② 【急性癀】指性子很急、遇事不稍耽搁的人。

③ 【折大手】指失去有力的助手。折,读作 shé。

④ 【横生倒养】对缺少教养、为非作歹者的咒骂语,言其出生时即是难产的逆子。

⑤ 【大安身不动】原为旧时占卜起课的术语,现谑指人很懒惰,懒得动身。

⑥ 【自己老坟哭不尽,还哭人家瘐头岗】比喻自己的事还有很多没做,却有闲心去关注、帮助别人。瘐头岗,即乱坟岗。瘐,在狱中病死,读作 yǔ。

五

懒黄病[1]，坐板疮。

白日鬼[2]，迷魂汤。

没道道，有讲仗[3]。

翻老账，坐班房。

撺[4]人下水，存心不良。

宁借停丧，不借成双[5]。

吵死吵活，误打误撞。

扯谎溜屁，吊儿郎当。

无酒不成席，有奶便是娘。

又想当婊子，又想立牌坊。

一人做事一人当，哪有嫂子替姑娘。

只有守寡的妻妾，没有守寡的梅香[6]。

---

① 【懒黄病】即懒惰成性。

② 【白日鬼】指行动诡秘，在光天化日之下作案的骗子。

③ 【没道道，有讲仗】没道道，表示为人行事无头绪，没有多大发展前途；有讲仗，指事情有原委，值得考较。

④ 【撺】不怀好意地指使，江淮方言读作 cōu。

⑤ 【宁借停丧，不借成双】旧俗认为房子宁可借给人办丧事，也绝对不能给男女同居，即便出嫁女儿带女婿回娘家也忌讳同居一室。

⑥ 【只有守寡的妻妾，没有守寡的梅香】比喻当事人应该尽责，局外人无须担责。按封建社会的贞节观，丈夫死后，妻妾要守寡。梅香，指丫鬟，旧时戏曲中多以“梅香”为婢女的名字。

六

空荡荡,满当当。

着烘烘,格嚷嚷①。

闹猪腿,打猪晃②。

苦八字③,人穷忙。

讲漂亮话,放响炮仗④。

坐冷板凳,睡横梁床⑤。

才吃三堆屎,就想做狗王。

长子好过江,矮子好抬丧。

驴不打磨不转,伢不哭奶不胀⑥。

娘想儿路样长,儿想娘扁担长。

不会念经莫做和尚,不会绱鞋莫做皮匠。

五阎王也怕拼命鬼,叫花子不留隔夜粮。

---

① 【着烘烘,格嚷嚷】着烘烘,形容火烧得很旺;格嚷嚷,形容多而细密的样子。着,江淮方言读作 zhuó,入声。

② 【闹猪腿,打猪晃】两者都指农村杀年猪和附带的“年猪饭”。杀年猪时,邀请亲友中几个壮汉擒拿住猪的耳朵和腿,协助屠户宰杀,叫“闹猪腿”;宰杀后的猪要放进盛开水的腰子桶中用粗绳晃动烫遍,以便刮毛,叫“打猪晃”。杀年猪结束后,主人家以酒肉招待。

③ 【苦八字】即苦命。八字是指一个人出生的年、月、日、时“四柱”的干支记录,每柱两字,共八个字,民间据此推算人的命运好坏。

④ 【放响炮仗】比喻给人一个明确而肯定的答复。

⑤ 【坐冷板凳,睡横梁床】坐冷板凳,比喻遭到冷遇;横梁床指床与屋梁呈十字交叉,民俗以为横梁床会使全屋的重量都压在睡者身上,令其生活艰难。

⑥ 【伢不哭奶不胀】比喻受到外在压力或催促,才有所反应和行动。

七

公鸭嗓，破锣腔。

伙马瘦，伙田荒[①]。

你井深，我绳长[②]。

贼无赃，硬似钢[③]。

光吃不长，丧尽天良。

半睡半醒，梦魇梦张[④]。

一个半斤，一个八两。

车班换旅[⑤]，轮流坐庄。

牛不知角弯，马不知脸长[⑥]。

人争一口气，佛争一炷香。

三个虾子熬锅汤，一个蹦在锅拐上。

逢着瞎子不说光，遇着秃子不说疮。

---

① 【伙马瘦，伙田荒】意谓人出于私心，凡共有的东西不加以爱惜，导致衰败、毁坏。

② 【你井深，我绳长】比喻有驾驭、控制对手的手段。

③ 【贼无赃，硬似钢】意谓盗贼的赃物没被发现，他就会百般抵赖。

④ 【梦魇梦张】指似在做梦，又似在睡醒的蒙眬状态。

⑤ 【车班换旅】即轮流。

⑥ 【牛不知角弯，马不知脸长】比喻人没有自知之明，看不到自己的缺点和不足。

八

嘴一张，手一双[①]。

布扎实，人棍将[②]。

小孩匪[③]，皮作痒。

嘴不怂，人搭僵[④]。

婆婆妈妈，丁丁杠杠[⑤]。

脑子进水，搞不清汤[⑥]。

有就烧锅胀，没就烧锅望[⑦]。

人多无好食，猪多无好糠。

有鸡叫天也亮，没鸡叫天也亮。

有老王厌老王，没老王念老王。

大姐做鞋二姐照样，忙的不会会的不忙。

靠山吃山靠水吃水，身上衣裳肚里干粮[⑧]。

① 【嘴一张，手一双】形容人既有好口才，又有出色的动手能力。

② 【人棍将】形容人能干、强势，不易吃亏。

③ 【匪】调皮。读作 fèi。

④ 【搭僵】指难于相处。

⑤ 【丁丁杠杠】形容小争小吵不断，关系不和谐。杠，读作 gāng。

⑥ 【搞不清汤】即搞不清楚。

⑦ 【有就烧锅胀，没就烧锅望】比喻生活受外在条件制约，饱一顿、饥一顿，没有规律。

⑧ 【靠山吃山靠水吃水，身上衣裳肚里干粮】前句指根据自然条件求得生存；后句指生活要求很简单，衣食饱暖而已。

九

干一行，厌一行。

做话讲，上马桩[①]。

兵对兵，将对将。

人一走，茶就凉。

狗皮倒灶，邪屁魍魉[②]。

做事丧德，为人搭僵。

支人下水，搊人上当[③]。

头上长角，犯相拿搪[④]。

蚂蟥听水响，和尚听钟忙[⑤]。

多一路菩萨，多烧一路香。

黄泉路上无老少，大树底下好乘凉。

久病床前无孝子，秀才人情纸半张[⑥]。

① 【做话讲，上马桩】做话讲，指编造对方的不实之词；上马桩，指到上司、长辈面前说人坏话。

② 【狗皮倒灶，邪屁魍魉】形容人胡乱作为，不干正经事。

③ 【支人下水，搊人上当】意谓出坏主意，唆使别人去做不该做的事。搊，读作cōu。

④ 【头上长角，犯相拿搪】头上长角，形容性格倔强，好顶嘴；犯相拿搪，以拒绝的态度不与人配合。

⑤ 【蚂蟥听水响，和尚听钟忙】意谓蚂蟥听到水响就游过去叮咬；和尚听到钟声即开始念经。比喻各人都有自己的生活追求。

⑥ 【秀才人情纸半张】意谓秀才多以纸质诗文为馈赠之物，借指馈赠的礼物非常微薄。

十

人怕饿，地怕荒。

风前烛，瓦上霜。

手一闲，疮就痒[①]。

死疙瘩，空壳囊[②]。

妯娌姑嫂，叔爷[③]婶娘。

身子结杠，干活在行[④]。

人怕上床，字怕上墙[⑤]。

严丝合缝[⑥]，打蜡抛光。

拄棍要拄长，结伴要结强。

山高皇帝远，人亲骨肉香。

上山没做得和尚，下山没讨得婆娘[⑦]。

人吃豆腐我冲浆，人吃牛肉我喝汤[⑧]。

---

① 【手一闲，疮就痒】比喻人一旦无所事事，就会有歪门邪道的诱惑。

② 【死疙瘩，空壳囊】死疙瘩，即解不开的结；空壳囊，表示只有外壳，没有内容。壳囊，读作 ké nang。

③ 【叔爷】指父亲的兄弟。

④ 【身子结杠，干活在行】意谓身体很健壮，干活有经验。

⑤ 【人怕上床，字怕上墙】意谓人本能地害怕躺在挺尸的床板上；毛笔字挂起来看，美丑就呈现出来。床，灵床。

⑥ 【严丝合缝】形容器物接头处十分严密，没有缝隙。

⑦ 【上山没做得和尚，下山没讨得婆娘】比喻进退失据，各种做法都没有效果。

⑧ 【人吃豆腐我冲浆，人吃牛肉我喝汤】比喻自己被边缘化，只能得到一些小利益。

十一

照不照，将就将[①]。

实打实，光大光。

讨债鬼，不买账。

借人米，还人糠。

三岔路口，一拓平洋[②]。

冰锅冷灶，寡水清汤。

铁匠无样，边打边相。

林林总总，掩掩将将[③]。

打豆腐熬糖，各人干各行。

木匠怕漆匠，漆匠怕亮光[④]。

乍做生意不懂行，好比瞎子撞南墙。

不是好汉不出乡，不是肥土不种姜。

---

① 【照不照，将就将】照不照，即行不行；将就将，即将就，勉强应对。

② 【一拓平洋】形容地势平坦，看不到边际。

③ 【掩掩将将】指勉强达到。掩掩，读作 án án。

④ 【木匠怕漆匠，漆匠怕亮光】意谓木器经过油漆，就能看出木匠制作的手艺高低，经过亮光就能见出漆匠的手艺高低。

十二

凉润润，热汤汤。

火燎燎，翻漾漾[①]。

不得手，有得忙。

人是铁，饭是钢。

古里古怪，慌里慌张。

花里胡哨，软不叮当。

有话快讲，有屁快放。

男儿无志，钝铁无钢[②]。

一个在地下，一个在天上。

各拜各的佛，各烧各的香。

两个肩膀扛张嘴，吃了扁担横了肠[③]。

多个朋友多条路，少个对头少堵墙。

---

① 【翻漾漾】形容内心作翻想吐的感觉。

② 【男儿无志，钝铁无钢】意谓男人如果没有志向，就像没有添加钢火的刀具，做不成大事。

③ 【两个肩膀扛张嘴，吃了扁担横了肠】前句比喻要生活而没有谋生的本领；后句比喻铁了心要去做某事。

十三

扎骨冷，透心凉。

温汤热，满嘴香。

拉偏架，打圆场。

唱高调，打官腔。

拿老王棉，换老王糖[①]。

睡睁眼觉，作无事忙。

鸡肥不下蛋，儿大不由娘。

肯吃才肯长，乱砖不乱墙[②]。

人敬我一尺，我敬人一丈。

土帮土成墙，穷帮穷成王。

人家七讲他八讲，人家八讲他瞎讲。

自己屁股淌鲜血，还给别人诊痔疮[③]。

① 【拿老王棉，换老王糖】比喻将某人的钱物，换一种方式还给某人，不占对方便宜。

② 【乱砖不乱墙】比喻基本条件虽然不好，但经过精心安排，并不妨碍很好的整体效果。

③ 【自己屁股淌鲜血，还给别人诊痔疮】比喻自身难题没解决，却关注、兜揽别人的事情。

十四

痞子相，放牛岗[①]。

打狗棍，盒子枪。

千年矮，一拃长[②]。

杨公忌，孟婆汤[③]。

前人栽树，后人乘凉。

老坟发热，好事成双。

不怕贼偷，就怕贼想。

明枪易躲，暗箭难防。

话要想着讲，不要抢着讲。

磕头如捣蒜，拉扯像拔糖[④]。

一好时是个婆娘，一恼时是个魔王。

两人伙穿一条裤，新箍粪桶三日香[⑤]。

---

① 【放牛岗】指低贱粗俗的地方。

② 【一拃长】拇指与食指撑开的间距。

③ 【杨公忌，孟婆汤】杨公忌，迷信认为农历每月都有一天为百事禁忌日（如正月十三、二月十一）。相传其俗始于宋代堪舆术士杨救贫，故称该日为杨公忌；孟婆汤，是中国民间传说中一种喝了可以忘记所有烦恼、所有爱恨情仇的茶汤。孟婆，传说中的人物，常在奈何桥边为所有前往投胎的灵体提供汤水，以消除鬼魂的记忆。

④ 【拔糖】旧时制作饴糖的一道工序。糖稀熬成后稍冷却，即将其拉成条状，因其有黏性、韧性，故要用力来回拉扯。

⑤ 【两人伙穿一条裤，新箍粪桶三日香】前句比喻两人关系好得离不开或串通一气；后句比喻对新来的人、新做的事最初几天兴趣很大，但不能持久。

十五

鱼过塘，笋过墙[①]。

穷灶门，富水缸[②]。

锣鼓响，脚板痒。

倾叫唤[③]，如号丧。

人急吊颈，狗急跳墙。

生不见面，死不烧香。

男怕入错行，女怕嫁错郎。

新人接进房，媒人撂[④]过墙。

锅不动瓢不响，拆东墙补西墙。

有志男走四方，无志男守婆娘。

嫁给做官的当娘子，嫁给杀猪的翻肠子。

倚仗大鼻子误了事，乍看老母猪筛细糠[⑤]。

① 【鱼过塘，笋过墙】比喻人要经过不同环境的磨炼才能成长。鱼苗必须放到大塘里才能长得肥大，鞭笋从地下穿过墙基而生。

② 【穷灶门，富水缸】意谓灶门旁少放柴草，水缸里应常装满水，防止火灾。

③ 【倾叫唤】大声喊叫。

④ 【撂】甩，丢开，读作 liào。

⑤ 【倚仗大鼻子误了事，乍看老母猪筛细糠】前句意谓倚仗那些自认为有本事的人往往耽误事情；后句比喻做事虎头蛇尾，有始无终。看，读作 kān，饲养。

十六

水滴滴，清汪汪。

空心菜，开口汤。

走过场，玩意账[①]。

老古话，直心肠。

日无鸡米，夜无鼠粮[②]。

人要衣装，佛要金装。

坐要有坐相，站要有站相。

带田不装犁，放水不到塘[③]。

嘴巴架在人身上，有也讲无也讲。

虱子[④]躲在皮衣里，有住场没吃场。

三千铜钱穷家当，二千八百穿身上。

天生天养天保佑[⑤]，自作自受自遭殃。

---

① 【玩意账】即小事，儿戏。

② 【日无鸡米，夜无鼠粮】形容人家里穷得没有一点粮食。

③ 【带田不装犁，放水不到塘】前句意谓顺便帮人犁田，不需特为另装犁头，比喻顺便帮人做事；后句比喻帮人没有帮到底。

④ 【虱子】一种吸血寄生虫。虱，江淮方言读作 sè，入声。

⑤ 【天生天养天保佑】意谓小孩自小就缺少来自父母、家庭的养育，其成长完全是老天爷的眷顾。

十七

糯米酒，麦芽糖。

萝卜响[①]，韭菜黄。

鸡血晃，鸭蹼掌。

牛板肚，猪大肠。

打在儿身上，疼在娘身上。

一娘生九女，九女不像娘。

唱戏要好嗓，拉弓要好膀。

上了赌博场，不认老子娘。

话不能这么讲，絮叨比干赖强[②]。

大门被人偷走，鼻子像拉风箱[③]。

借债莫借到亲上[④]，生疮莫生到筋上。

吃了干粮无事想，想起干粮哭一场。

① 【萝卜响】指腌制的萝卜条，因其食时脆响，故名。

② 【絮叨比干赖强】意谓欠人债务虽不能偿还，但要经常提及，免得债权人以为赖账。

③ 【大门被人偷走，鼻子像拉风箱】前句取笑小孩换牙；后句比喻因伤风、感冒等引起的鼻息不畅。

④ 【借债莫借到亲上】亲戚间的债务关系往往导致亲情淡薄，甚至决裂。

十八

手爪子，直肠子①。

腮瓣子，奶膀子②。

白鼻子，搞幌子③。

逛趟子，生方子④。

杀鸡钳毛，拖鱼打囊⑤。

打得稀碎，脱得精光。

熟门熟路，不慌不忙。

揎眼瞅瞅⑥，伸手汤汤。

生姜配红糖，拳头对巴掌。

瘦得皮包骨，眼睛落了膛⑦。

饿狗记得千年屎，老母猪记得万年糠。

打破旧缸赔新缸，还说新缸没旧缸光。

---

① 【直肠子】比喻心直口快，不隐瞒。

② 【奶膀子】指人体乳房及周边区块，膀，读作 páng。

③ 【白鼻子，搞幌子】白鼻子，本指京剧中的丑角，借喻狡诈的性格，但在江淮方言中，又指对某事一无所知或无所表示；搞幌子，表示对结果不满意的后悔说法，也说“搞个幌子”。

④ 【逛趟子，生方子】逛趟子，即散步；生方子，制造棘手的问题来为难对方，含贬义。

⑤ 【杀鸡钳毛，拖鱼打囊】杀鸡钳毛，钳除鸡身上的细毛；拖鱼打囊，将鱼剖开，清理鱼鳞、内脏等杂质。拖，读作 chí。

⑥ 【瞅瞅】即看看，江淮方言读作 cǒu cou。

⑦ 【眼睛落了膛】眼眶凹陷下去，是重病或临死的表征。

十九

半桩子，饭缸子[①]。

害伢子[②]，病秧子。

龙蛋子，香棒子[③]。

大谱子，好晌子[④]。

屎巴肚子，花花肠子。

老药罐子，棺材瓤子[⑤]。

出馊点子，结下梁子。

不走志子，没得方子[⑥]。

三榔头夯不死，头扛得跟象一样。

一个呵两个笑，好话讲了一箩筐。

宁可爹娘羡儿女，切莫儿女羡爹娘[⑦]。

刺猬摸着孩儿光，狐狸闻着孩儿香。

---

① 【半桩子，饭缸子】意谓十几岁的小孩正处在长身体时期，饭量大。

② 【害伢子，病秧子】害伢子，指育龄期妇女妊娠反应；病秧子，指自小有病、身体孱弱的孩子。

③ 【龙蛋子，香棒子】龙蛋子，谑指集众多宠爱于一身的人；香棒子，戏称受众人追捧、非常吃香的人。两词多用于小孩。

④ 【大谱子，好晌子】大谱子，即大概的数量或情况；好晌子，即什么时候。晌，读作 shāng。

⑤ 【老药罐子，棺材瓤子】老药罐子，指常年多病的人；棺材瓤子，指死人。瓤，读作 ráng。

⑥ 【不走志子，没得方子】不走志子，表示十分相像，没有差别；没得方子，即没有办法，无可奈何。

⑦ 【宁可爹娘羡儿女，切莫儿女羡爹娘】意谓儿女胜过父母（"羡儿女"）才能家业兴旺，如果儿女不如父母（"羡爹娘"），则是一代不如一代了。

二十

假马饰乞，周吴郑王[①]。

显能摆谱，金魏陶姜[②]。

白天白讲，夜晚黑讲[③]。

本事全无，寡嘴[④]一张。

蛇往洞里钻，蛆往肉里拱[⑤]。

客来客本绞，自唱自帮腔[⑥]。

熟读增广，不如大路听讲[⑦]。

要黄不黄，饿得嘴尖毛长[⑧]。

牛头不对马嘴，五里不隔八丈[⑨]。

吃肉不如喝汤，喝汤不如闻香。

一脚踏[⑩]在狗屎上，痴心女子负心郎。

绣花枕头外面光，里面一包粗老糠。

---

① 【假马饰乞，周吴郑王】假马饰乞，即假装；周吴郑王，本是《百家姓》中的文字，人们巧取“周”“正”等字的音义，谐音让人联想到“周正”“王者”，进而引申形容“装得一本正经的样子”，有调侃意味。

② 【金魏陶姜】喜欢挑剔，不易相处。四字来自《百家姓》，其发音接近于江淮方言词“精味（意为挑剔）”和“得僵（意为不随和）”。

③ 【白天白讲，夜晚黑讲】形容人说话没有根据，信口开河。

④ 【寡嘴】只剩一张嘴，形容说大话，不做实事。

⑤ 【拱】往里面钻，江淮方言读作 gǎng。

⑥ 【客来客本绞，自唱自帮腔】前句意谓招待客人的花销由客人赠予的礼金支付，收支大致平衡；后句比喻大事小事没有他人帮助，全由一人完成。

⑦ 【熟读增广，不如大路听讲】意谓在生活中观察倾听比读书更为重要。增广，即《增广贤文》，内容为古训和民间谚语，为旧时蒙学教材之一。

⑧ 【要黄不黄，饿得嘴尖毛长】旧时农历四五月间，麦子将熟未熟，贫苦人家青黄不接，饥饿难挨。

⑨ 【五里不隔八丈】表示隔得很远。

⑩ 【踏】即踩，江淮方言读作 chā。

二十一

木怕做方，肉怕打汤[①]。

干亲好认，晚娘难当。

老脸皮厚，一嘴小讲。

要死不活，嚼舌嚼黄。

搓反劲绳子，坐黑头班房[②]。

帮人擦屁股，拉了一身脏[③]。

凡人不可貌相，海水不可斗量。

来无踪去无影，重打鼓另开张。

宁死做官老子，莫死叫花子娘[④]。

人住到城隍庙，守不到头炷香[⑤]。

放个响屁搁在这，多撒把盐不坏酱[⑥]。

有田莫把人种秧，有碓莫把人舂糠[⑦]。

---

① 【木怕做方，肉怕打汤】正方或长方能看出木料的用场，打汤能看出肉质量高低。意谓每一种事物都有相应的手段来检验其优劣。

② 【搓反劲绳子，坐黑头班房】前句比喻在内部故意捣乱；后句指冤案。

③ 【帮人擦屁股，拉了一身脏】比喻帮人收拾烂摊子，自己反而受到不公正的对待。拉，沾上，读作 wěn。

④ 【宁死做官老子，莫死叫花子娘】意谓在孩子眼中，有哺育之恩的母亲，即便一无所有，其重要性也远超过有权有势的父亲。这是一种偏激的家庭价值观。

⑤ 【人住到城隍庙，守不到头炷香】比喻在有利的位置上，却没有取得好的结果。

⑥ 【放个响屁搁在这，多撒把盐不坏酱】前句表示现在对某事结果（多为不好的）做出预测，自信必将应验，带有自嘲意味；后句比喻多作努力，总有好处。

⑦ 【有田莫把人种秧，有碓莫把人舂糠】两句比喻好的东西不要借与别人，以免被弄坏。

二十二

天生一对，地造一双。

有福同享，有难同当。

响屁不臭，臭屁不响。

时时犯相，处处拿强。

得三分颜色，就要开染坊[①]。

艺高人胆大，刀快头皮光。

开门七件事，糠菜半年粮。

笑烂不笑补，笑贫不笑娼。

纸包不住火，没有不透风的墙。

会选选儿郎，不会选的选田庄[②]。

四眼枪端到就冲[③]，三句话不离本行。

好了疮疤忘了痛，穷生虱子富生疮[④]。

---

① 【得三分颜色，就要开染坊】比喻稍被肯定和赞扬就得意忘形起来。

② 【会选选儿郎，不会选的选田庄】此句谓旧时婚姻中，女方挑选夫婿时，应该重人品不重家产。

③ 【四眼枪端到就冲】比喻说话不经思索，不留情面。四眼枪，一种用生铁铸成、由四管组合能装火药的响器，相当于大爆竹，用于红白喜事。冲，读作 chòng。

④ 【穷生虱子富生疮】意谓穷人生活条件差，容易生虱子，有钱人不劳动，容易生褥疮、痔疮等病。

二十三

晒成的酱，生成的相。

老头吃糖，越扯越长。

棉花要纺，老婆要讲[①]。

人模狗样，想尽神方。

人笨怪刀钝，小骂大帮忙。

您老无大小[②]，见舅如见娘。

苦读三更，不如十字街听讲。

陈稻一仓，不如雪花水一塘[③]。

葫芦仓不挂墙上，偏要挂在颈子上[④]。

用他拳头塞他嘴，指着秃子骂和尚。

嫁汉嫁汉穿衣吃饭，帮忙帮忙越帮越忙。

乔太守乱点鸳鸯谱，赤兔马只认关云长[⑤]。

---

① 【老婆要讲】旧时狭隘的婚姻观认为丈夫有责任和义务教育妻子，所谓“当面教子，背后教妻”。

② 【您老无大小】指看到年纪大的人不知如何称呼时，就以“您老”或“您老人家”统称，大一辈或几辈的都可通用。

③ 【陈稻一仓，不如雪花水一塘】冬天重视水利，来年收成就有盼头，强于积贮陈粮。

④ 【葫芦仓不挂墙上，偏要挂在颈子上】比喻惹事上身，自寻烦恼。葫芦仓，贮藏种子、药物等物品的小葫芦。

⑤ 【赤兔马只认关云长】比喻用心专一，只为主人效劳。

二十四

黑影上墙，孩子要娘。

吵死吵活，无事生方。

掸眼不见，屁股作痒[①]。

乒乓拾舞，散马由缰[②]。

韶得像小开，踘得像老奘[③]。

脏得能割漆[④]，瘦得像刀螂。

谎扯得圆泛，心不在肝上[⑤]。

先下手为强，后下手遭殃。

跟了官官娘子，跟了贼贼婆娘。

上身长坐大堂，下身长有得忙[⑥]。

蚂蟥听不得水响，婆娘听不得扯谎。

东一榔头西一棒，重打锣鼓另开张。

---

① 【屁股作痒】大人警告小孩将被责打的隐语。

② 【乒乓拾舞，散马由缰】乒乓拾舞，形容动作幅度、声响很大或草率地完成；散马由缰，形容不受管束，自由散漫。

③ 【韶得像小开，踘得像老奘】比喻人行为招摇、处处显摆。小开，类似于某些“富二代”，知识不多，喜欢招摇；老奘，指同辈中年龄大或财大气粗的人。

④ 【脏得能割漆】从漆树上取下的生漆呈黑色，用以形容体表很脏。

⑤ 【谎扯得圆泛，心不在肝上】前句意谓谎撒得让人难以觉察；后句指不把事情放在心上。

⑥ 【上身长坐大堂，下身长有得忙】旧时相术认为，人体的高矮胖瘦，跟人的贵贱、贫富有某种关联。

二十五

青黄不接，荒春头上[①]。

救命稻草，磕头烧香。

结巴好讲，驼子好仰。

小脚一双，眼泪一缸。

真银子不响，真财主不讲。

树直做屋梁，人直撞南墙。

吃了豹子胆，打到酸筋上[②]。

山中无老虎，猴子称大王。

鸦鹊子[③]吃皇粮，老鸹子遭冤枉。

一个猪不吃糠，两个猪吃得香[④]。

蒸的跟煮的一样，讲的跟唱的一样[⑤]。

三个女人一台戏，卖药郎中一身疮。

---

① 【荒春头上】指农历三四月间，青黄不接时节。

② 【打到酸筋上】比喻击中关键部位。

③ 【鸦鹊子】即喜鹊。

④ 【一个猪不吃糠，两个猪吃得香】比喻要有竞争才有动力。

⑤ 【蒸的跟煮的一样，讲的跟唱的一样】前句表示否定对方所说的真实性，“蒸”谐音“真”，“煮”是采用拈连修辞；后句形容对方把复杂的事情看得太简单。

二十六

过赤胞狗[①],当替罪羊。

打退堂鼓,搠回马枪[②]。

响水不开,开水不响[③]。

雪白干净,十粒五双[④]。

粗帮配细帮,扁担配箩筐[⑤]。

肚饱眼不饱,隔锅茶饭香。

提溜像小使[⑥],扛着颏子望。

老乡见老乡,两眼泪汪汪。

生米煮成熟饭,家丑不可外扬。

宁吃鲜桃一口,不吃烂梨一筐[⑦]。

人怕出名猪怕壮,猪肥就怕杀猪匠。

东方不亮西方亮,黑了南方有北方。

① 【过赤胞狗】比喻该做的事没做,临了丢人现眼。

② 【搠回马枪】指掉转头来给追击者以突然袭击。搠,刺,读作 shuō,入声。

③ 【响水不开,开水不响】比喻有本领的人不炫耀,炫耀的人本领不高。

④ 【十粒五双】形容谷物颗粒饱满。

⑤ 【粗帮配细帮,扁担配箩筐】比喻配对双方条件、地位大致相当。

⑥ 【小使】本指宫中侍役,俗指受人指使的佣人。使,江淮方言读作 sěi。

⑦ 【宁吃鲜桃一口,不吃烂梨一筐】比喻宁可少而精,也不愿多而劣,也比喻自己情操与追求的不俗。

二十七

老天有眼，菩萨心肠。

许三生愿，烧头炉香。

说起话长，接起把长。

冷水洗疮，大粪泼秧[①]。

看他不像样，是个雕花匠。

无风不起浪，心静自然凉。

要得伙计长，夜夜算伙账[②]。

日里走四方，夜里补裤裆。

端起碗来吃肉，放下筷子骂娘[③]。

高拱手低作揖，穷算命富烧香[④]。

今朝不知明朝事，心里没有一本账。

此地无银三百两，寅年吃尽卯年粮[⑤]。

---

① 【冷水洗疮，大粪泼秧】旧俗认为用冷水清洗痔疮能减轻渗血；浇粪能使秧苗长得好。

② 【要得伙计长，夜夜算伙账】意谓勤算账才能消除合伙人之间的利益纠葛，使合作长久。

③ 【端起碗来吃肉，放下筷子骂娘】意谓某些人尽管获得了很多好处，但他们还是有意见，永远不满足。

④ 【高拱手低作揖，穷算命富烧香】前句的拱手、作揖，是中国传统行礼的两种形式：行拱手礼时，双腿站直，上身直立，双手左抱右掌合于胸前；行揖礼时两手抱掌前推，身子略弯，表示向人敬礼。后句是旧时穷人和富人对命运的迷信认识：穷人希望借算命知晓如何转运，脱贫致富；富人则烧香拜佛，祈求富贵永驻。

⑤ 【此地无银三百两，寅年吃尽卯年粮】前句比喻本想隐瞒，但手法愚蠢，结果反而暴露；后句比喻入不敷出，预先挪用了以后的收入。

二十八

人穷志短，马瘦毛长。

阎王好见，小鬼难当[①]。

抬杠抬杠，一寸不让。

老乡老乡，背后一枪[②]。

着三不着两，一本糊涂账。

大姑娘坐轿，泥菩萨过江[③]。

三个臭皮匠，顶个诸葛亮。

七八头十个，三百六十行。

满桶水不晃，半桶水晃大晃。

一只碗不响，两只碗响叮当[④]。

歪打官司邪告状[⑤]，冷尿饿屁穷扯谎。

天下乌鸦一般黑，老鼠眼睛一寸光。

---

① 【阎王好见，小鬼难当】意谓看到为首的人容易沟通，其手下人却很难缠，难以承受。

② 【老乡老乡，背后一枪】意谓对你深知的人更容易在背后搞小动作陷害你。

③ 【大姑娘坐轿，泥菩萨过江】前句歇后语为“头一次”；后句歇后语为“自身难保”。

④ 【一只碗不响，两只碗响叮当】比喻事物一旦多了，就会产生摩擦和矛盾。

⑤ 【歪打官司邪告状】指诉讼当事人滥用诉讼权，歪曲事实欺骗法庭的不良现象。

第五部　遥韵

一

上有老，下有小。

捺手印，掏腰包。

不识数，钱倒找[①]，

口风紧，门槛高[②]。

豆腐莫烧老，大话莫说早。

好男一身毛，好女一身膘[③]。

不比不知道，一比吓一跳。

拿人不吃劲，碰了一头包。

初来乍到，摸不到婆家锅灶。

家有三宝，丑妻薄地破棉袄[④]。

各人吃饭各人饱，各人做事各人了。

讲得有鼻子有眼，跑得摸不到辫梢[⑤]。

① 【钱倒找】即钱倒贴，指该收的一方反向该付的一方提供财物或费用等。

② 【门槛高】比喻达标的要求高。

③ 【好男一身毛，好女一身膘】旧时认为健康的男性应体毛乌黑，健康的女性应丰满圆润。

④ 【家有三宝，丑妻薄地破棉袄】这是小农经济条件下农民对生活的朴素认知，既质朴又无奈。

⑤ 【跑得摸不到辫梢】形容跑得很快，不见踪影。清朝人留发辫，快跑时发辫飘起。摸不到辫梢子，表示没有抓住。

二

积鼓鼓，没捞捞[①]。

黑洞洞，轻悄悄。

别别窍，将将好[②]。

咕咕叫，末末梢。

扭头撂颈，洋巴颠倒[③]。

蜷[④]头缩颈，驼背哈腰。

独里独冲[⑤]，火急火燎。

浮而不实，洋货张猫[⑥]。

喊婆婆的多，疼婆婆的少。

矮子踮踮脚，长子弯弯腰[⑦]。

年年难过年年过，汗衫补得像夹袄。

遇到硬的拖锹走，遇到软的挖一锹。

---

① 【积鼓鼓，没捞捞】积鼓鼓，形容鼓胀的样子；没捞捞，形容内心没有寄托，空空的。

② 【别别窍，将将好】别别窍，不易发现的窍门；将将好，刚好，正好。

③ 【扭头撂颈，洋巴颠倒】扭头撂颈，形容性格倔强，难与人相处；洋巴颠倒，形容言行不伦不类，不合常理。扭，江淮方言读作 zhǒu；颠倒，读作 diān dao。

④ 【蜷】人或动物肢体呈弯曲状，江淮方言读作 kuán。

⑤ 【独里独冲】形容说话高声大气，带有情绪，语气不委婉。

⑥ 【洋货张猫】形容做事三心二意，散漫。

⑦ 【矮子踮踮脚，长子弯弯腰】比喻互相迁就，各让一步，互利共赢。

三

笑面虎，馋嘴猫。

乌鸦嘴，水蛇腰。

人怕笑，字怕吊[①]。

下脚料，一团糟。

逼手逼脚，尖头尖脑[②]。

嘴上无毛，办事不牢。

惯子不孝，肥田出瘪稻。

人拉不走，鬼牵着飞跑[③]。

屙不下屎，怪茅缸向不好。

跑细了腿，没功劳有苦劳。

一哭二闹三上吊，四不吃饭五睡觉[④]。

你走你的阳关道，我过我的独木桥。

① 【人怕笑，字怕吊】意谓人担心被别人笑话，毛笔字一挂起来就可显出美丑。

② 【逼手逼脚，尖头尖脑】逼手逼脚，形容缩手缩脚、局促不安的样子；尖头尖脑，形容人拈轻怕重、爱占小便宜。

③ 【人拉不走，鬼牵着飞跑】比喻是非颠倒，善恶不分。

④ 【一哭二闹三上吊，四不吃饭五睡觉】指旧时女性在家庭矛盾中的消极应对手段。

四

圆滚滚，长腰腰[①]。

实坨坨[②]，轻飘飘。

弯弯绕，踉踉倒[③]。

呱呱叫，步步高。

和尚好做，五更难熬。

糊涂胆大，月黑风高。

倾嘶鬼叫[④]，穷争饿吵。

鸡飞狗跳，乱七八糟。

宁做林中鸟，不做房中小[⑤]。

留得青山在，不怕没柴烧。

破袜子比光腿好，丑老婆比孤鬼好。

井水不干河水事，南山望着北山高。

① 【长腰腰】圆匀而细长的样子，多指椭圆形状，如竹篮、池塘等。

② 【实坨坨】形容实在、沉重的样子。坨，读作 tuó。

③ 【踉踉倒】形容身体因劳累、衰弱而难以支撑的样子。踉，读作 liàng。

④ 【倾嘶鬼叫】大声地叫喊。

⑤ 【房中小】指封建时代的妾，地位低下。

五

糊涂蛋，老油条[①]。

打张咽[②]，伸懒腰。

说曹操，曹操到。

短命鬼，戳祸包[③]。

狼怕拿刀，狗怕弯腰。

个条不矮，相貌嫩超。

撤身就走，拔腿就跑。

话说得陡，头扛得高[④]。

跟好人学好，跟叫花学讨。

人到弯腰树，不得不弯腰。

黄泉路上无老少，黄叶不掉青叶掉。

富了方丈穷了庙，按下葫芦起来瓢[⑤]。

① 【老油条】比喻世故、圆滑的人。

② 【打张咽】即打哈欠。

③ 【戳祸包】指经常惹起祸端的小孩。

④ 【话说得陡，头扛得高】话说得陡，指话说得直白，不留情面；头扛得高，形容看不起人。

⑤ 【按下葫芦起来瓢】比喻做事不能兼顾，顾了这头就顾不了那头。

六

罗圈腿，水桶腰。

身子重，嘴巴刁[①]。

鱼吃跳，鸡吃叫[②]。

敞头花[③]，吃不消。

杂七杂八，骨头骨脑[④]。

缩手缩脚，小打小敲[⑤]。

牵着鼻子走，盖着盒子摇[⑥]。

数萝卜下窖[⑦]，照葫芦画瓢。

好心不得好报，烧香惹得鬼叫。

伸头也是一刀，缩头也是一刀[⑧]。

扬子江里一泡尿，有你不多无你不少。

八十老头砍黄蒿，一日不死一日要烧。

---

① 【身子重，嘴巴刁】身子重，形容懒惰，懒得动；嘴巴刁，指吃东西挑拣、挑剔。

② 【鱼吃跳，鸡吃叫】意谓鱼肉和鸡肉最好是食用即时宰杀的新鲜肉。

③ 【敞头花】指花销无限度，无计划。

④ 【骨头骨脑】指菜肴中大大小小的骨头。

⑤ 【小打小敲】指在小范围或细枝末节上采取行动。敲，江淮方言读作 kāo。

⑥ 【牵着鼻子走，盖着盒子摇】前句比喻受人支配，盲目地听命于人；后句比喻不公开，暗箱操作。

⑦ 【数萝卜下窖】比喻不厌其烦地叙述一件件事。

⑧ 【伸头也是一刀，缩头也是一刀】无论怎样总是一个死，不如按照自己的思路干下去，也许倒是一条生路。

七

寻短见，玩躲猫。

沃了气，闪了腰①。

怄肠子，不经老②。

得绝症，害馋痨③。

随茶便饭，老实巴交。

一手交鸡，一手交猫。

是大还大，是小还小④。

成精鼓捣⑤，惹祸撩骚。

冷水要人挑，热水要人烧。

不能负大重，没来张过猫⑥。

秤不抬头客不要，鼠无大小皆称老⑦。

打着灯笼找不到，守着大树有柴烧。

---

① 【沃了气，闪了腰】沃了气，指手脚等因猛烈扭折而使软组织受伤；闪了腰，指急性腰扭伤。

② 【怄肠子，不经老】怄肠子，指对某人某事发愁；不经老，指容颜体态看上去比实际年龄大。怄，读作 òu。

③ 【害馋痨】形容对某种食物十分向往而得不到的状态。

④ 【是大还大，是小还小】指人懂礼节，与长辈、晚辈交往不失分寸。

⑤ 【成精鼓捣】指小孩出于天性，做出一些超出大人预料的小发明创造。

⑥ 【不能负大重，没来张过猫】前句意谓身体因伤病而虚弱，不能干重活；后句意谓没来露过脸。

⑦ 【秤不抬头客不要，鼠无大小皆称老】前句意谓卖东西给人要足秤；后句是对倚老卖老者的嘲讽。

八

死愚拙，老颠倒[1]。

本着脸[2]，又着腰。

火怕耖[3]，人怕闹。

打饱嗝，吃刁销[4]。

小孩认生，嘴巴直瓢[5]。

调皮捣蛋，爬低上高。

三岁看大，七岁看老。

婆婆妈妈，絮絮叨叨。

外行看热闹，内行看门道。

姑娘水色好，小伙汉条高[6]。

白天累得踉踉倒，全靠晚上一把澡。

木匠进屋有得烧，瓦匠进屋有得挑。

---

① 【死愚拙，老颠倒】死愚拙，形容十分偏执，不圆融；老颠倒，形容老年人不时地失忆或思维错乱。颠倒，读作 diān dao。

② 【本着脸】形容脸色凝重而不快的样子。

③ 【火怕耖】指炭火不要经常拨弄，热力才能持久，否则炭火容易熄灭。耖，本指翻地的农具，引申为翻动，读作 chào。

④ 【刁销】指稀奇之物。

⑤ 【瓢】形容哭之前因情绪激动嘴角下撇、下唇前伸的样子。

⑥ 【姑娘水色好，小伙汉条高】意谓姑娘有着白里透红的水灵容颜和健康肤色，小伙子身材高大。

九

斜对过，半中腰。

填漏洞，打水漂。

喝小酒，有一套。

吹大牛，呵卵泡[①]。

秀才写字，一笔滔滔。

中医号脉，西医开刀。

秧老是草，人老是宝。

百不耐烦，一遍倒交[②]。

想要身子好，粥里加红枣。

吃饭用水淘，不是长把瓢[③]。

做到老，学到老，还有三桩没学到。

不做中，不做保，不做媒人心不焦[④]。

① 【呵卵泡】比喻夸大其词。

② 【一遍倒交】意谓不管好坏，只做一次便结束。

③ 【长把瓢】比喻长寿。

④ 【不做中，不做保，不做媒人心不焦】意谓做调停人、担保人和媒人往往两面受气，双方都会怪罪你，不如高高挂起，明哲保身。心不焦，即不烦心。

十

狗咬狗，一嘴毛[①]。

拢着过，没抓挠[②]。

一把屎，一把尿。

惯宝宝，独苗苗。

活蹦乱跳，五早八早[③]。

独柴难烧，独子难教。

麻雀看蚕，越看越少。

小孩洋货，现世脓包[④]。

惹大莫惹小，爬树莫爬杪[⑤]。

肥猪上了膘，迟早有一刀。

猫尾巴越摸越翘，猪大肠越扶越倒[⑥]。

屠户儿子会用刀，道士儿子会捉妖。

---

① 【狗咬狗，一嘴毛】比喻双方互掐，最后两败俱伤，谁也占不了便宜。

② 【拢着过，没抓挠】拢着过，意谓勉强凑合着过日子；没抓挠，比喻精神上没有寄托。

③ 【五早八早】形容很早。

④ 【小孩洋货，现世脓包】意谓小孩调皮捣蛋，没有大作为。

⑤ 【杪】树梢，读作 miǎo。

⑥ 【猫尾巴越摸越翘，猪大肠越扶越倒】前句比喻宠爱越多就越骄傲；后句比喻没有志向、没有能力的人，无论怎样帮扶，也不能自立。

十一

蛇蜕皮，鸡盗毛[①]。

猫逼鼠[②]，猪长膘。

丁是丁，卯是卯。

挑柴卖，买柴烧[③]。

人多嘴杂，两面三刀。

有板有眼，见招拆招。

要死要活，没完没了。

疑神疑鬼，有根有苗。

讨饭怕狗咬，秀才怕岁考。

留下葫芦籽，不怕没水瓢。

十个麻子九个俏，十个胡子九个骚。

一门不到一门黑[④]，这山望见那山高。

① 【鸡盗毛】指鸡在长到半大时脱去胎毛，长出新的羽毛。

② 【猫逼鼠】指猫对老鼠有一种天然的威慑力。

③ 【挑柴卖，买柴烧】比喻做事来回周折，没有效果。

④ 【一门不到一门黑】指不涉及某个门类就是该门类的外行。

十二

赖尿宝[①],受气包。

嘴不稳,头横摇。

脾家味[②],乡巴佬。

讨饭碗,猪食槽。

做媒作保,自找烦恼。

大佬架子,摆阔烧包[③]。

多秧如多草,缺秧如缺宝[④]。

猫钻老鼠洞,狗咬猪尿脬[⑤]。

会说惹人笑,不会说惹人跳。

好种出好苗,好葫芦锯好瓢。

一个人情做到底,一条扁担两头挑。

兄弟姊妹一娘养,桌子板凳一般高[⑥]。

① 【赖尿宝】对尿床小孩的戏称。

② 【脾家味】即脾气。

③ 【大佬架子,摆阔烧包】大佬架子,形容虚张声势、自以为了不起的样子;摆阔烧包,意谓到处夸耀、显摆。

④ 【多秧如多草,缺秧如缺宝】意谓栽秧时节,秧多浪费,秧少无处寻。比喻做事要恰到好处。

⑤ 【猫钻老鼠洞,狗咬猪尿脬】两句歇后语。猫钻老鼠洞——能进不能出;狗咬猪尿脬——空欢喜一场。脬,读作 pāo。

⑥ 【桌子板凳一般高】比喻虽有年龄、性别等差异,但地位是平等的。

十三

扒灰佬，拉皮条[①]。
打光棍，花脚猫[②]。
耍官腔，唱反调。
败家相，命里招[③]。
豆腐怕炒，秀才怕考。
砍头死鬼，拦腰一刀。
时辰八字，子丑寅卯。
吃亏讨巧，认怂装孬。
烧锅戴草帽，轻光不在调[④]。
羊肉没吃到，惹得一身臊。
一把扇子两边摇，一个葫芦两把瓢[⑤]。
乡里狮子乡里跳，乡里锣鼓乡里敲[⑥]。

① 【扒灰佬，拉皮条】扒灰佬，旧俗指与儿媳妇有不伦关系的公公；拉皮条，从中牵线，撮合男女搞不正当关系。

② 【花脚猫】比喻喜欢四处游荡、不归家的人。

③ 【命里招】指姻缘天定、无可改变的。

④ 【烧锅戴草帽，轻光不在调】讥讽故作斯文、假装爱干净的做派。

⑤ 【一把扇子两边摇，一个葫芦两把瓢】比喻为人处事要圆通、公平，协调时要顾及双方的利益。

⑥ 【乡里狮子乡里跳，乡里锣鼓乡里敲】比喻技艺和本领在小范围里展现，为人所接受，言外之意是登不上大场面。

十四

点点大，一毫毫。

闷独独，唱嗷嗷[①]。

吃独食，睡寡觉[②]。

屎头混[③]，王八羔。

现炒现卖，整头整脑。

添人进口，起根发苗[④]。

不讲不笑，不成老少。

聋巴实耳，肿眼疲泡。

大不做做小，饭不吃吃草。

锅是铁倒的，到处仰着烧[⑤]。

秀才能知天下事，萝卜不用屎来浇[⑥]。

万丈高楼平地起，众人拾柴火焰高。

---

① 【闷独独，唱嗷嗷】闷独独，即闷不吭声；唱嗷嗷，指嘴里唱着歌，形容心里高兴的样子。

② 【吃独食，睡寡觉】吃独食，比喻独占利益，不让别人分享；睡寡觉，指一个人睡觉（尤指单身）。

③ 【屎头混】比喻受人唆使而性格蛮横的人。

④ 【起根发苗】指事情发生的最初阶段或原因。

⑤ 【锅是铁倒的，到处仰着烧】比喻在任何地方，道理都是一样的。

⑥ 【萝卜不用屎来浇】比喻蔑视、拒绝他人（厌恶者）的指点和说教。

十五

蜡烛抱，百岁毛[①]。

有人养，没人教。

玩是玩，笑是笑。

八字硬，火眼高[②]。

你算老几，对人滋毛[③]。

男伢够种，女伢好跷[④]。

生是一蔸草，死是一个宝。

鸡蛋碰石磙，老鼠见到猫。

男要俏一身皂；女要俏一身孝[⑤]。

二月二剃龙头，六月六晒龙袍。

不当家不知柴米贵，来得早不如来得巧。

黄鼠狼不嫌小鸡瘦，硬核桃要用钉锤敲[⑥]。

---

① 【蜡烛抱，百岁毛】蜡烛抱，婴儿被襁褓包裹的形态，形同蜡烛；百岁毛，婴儿剃胎头时在脑后留下的一撮胎毛，俗以为好养活。

② 【八字硬，火眼高】八字硬，即命硬，迷信认为八字硬的人生命力强悍，别人克不过，能大难不死。火眼高，迷信认为人眼中有一股火气，火眼高的人杀气重，胆子大，鬼怪都怕他；火眼低的人则能见到一般人见不到的鬼魅。

③ 【滋毛】即发脾气。

④ 【好跷】常常闹别扭，为一点小事而生气。跷，读作 qiāo。

⑤ 【男要俏一身皂，女要俏一身孝】旧时男女要想穿衣得体，主色调是男黑女白。皂，黑色，显得男性沉稳；孝，孝服，白色，显得女性俏丽。

⑥ 【硬核桃要用钉锤敲】比喻对顽固的对象要用强硬的手段去应对。

十六

洋董董[1],乱糟糟。

馋滴滴,空捞捞。

作个揖,行行好。

老格格,慢掏掏[2]。

小零散碎,钉头拐脑。

一捧三刁,一逼三孬[3]。

要饱早上饱,要好祖上好。

屋梁做锄把,鞋底改帽招[4]。

手袖笼的画眉,拉出来就叫[5]。

老颈窝一撮毛,摸到看不到[6]。

结婚三天无大小,大舅爹爹当老表。

鲁班跟前甩大斧,关公面前耍大刀。

① 【洋董董】形容人言行超出常规,浮而不实。

② 【老格格,慢掏掏】老格格,形容倚老卖老的样子,又叫"老凿凿";慢掏掏,意即"慢吞吞"。

③ 【一捧三刁,一逼三孬】指对小孩的教育要以肯定、表扬的方式,小孩才能变得聪明;如果用威逼的方式,小孩就会变得愚笨。

④ 【鞋底改帽招】歇后语为"上去了",意谓由底层一跃而进入上层。

⑤ 【手袖笼的画眉,拉出来就叫】意谓人的才艺精湛纯熟,随时能展现。

⑥ 【老颈窝一撮毛,摸到看不到】比喻一个人的缺点,自己往往很难发现。

十七

媒子纸，火镰刀[①]。

落水狗，生眼猫。

牛板牙，鸡扒爪。

皮打皱，待得操[②]。

长草短草，一把挽倒。

挨肩不侔，一奶同胞[③]。

只要情意好，哪怕滚稻草。

一个模子倒，大小一捞抄[④]。

大姑娘上花轿，脸上哭心里笑。

隔夜饱不是饱，娘家好不是好。

只知锣是一面打，不知鼓是两面敲[⑤]。

只图今世有饭吃，哪管下世没柴烧。

① 【媒子纸，火镰刀】旧时农村吸旱烟时的两种生火工具，用金属的火镰刀与石头相击打，产生的火花落到花笺纸卷成的媒子纸上，即被点燃。

② 【待得操】指人经得起艰苦的磨炼。

③ 【挨肩不侔，一奶同胞】挨肩不侔，指家里小孩年龄相差不多；一奶同胞，即一母所生的兄弟姐妹。侔，读作 móu。

④ 【一个模子倒，大小一捞抄】前句形容十分相似；后句指对物品不得挑拣，一律无差别地（如大小、肥瘦、老嫩）统一出售。倒，铸造，读作 dào。

⑤ 【只知锣是一面打，不知鼓是两面敲】比喻思想僵化，看问题不能全面、变通。

十八

草要子，稻钓子[①]。

掉链子，撂挑子[②]。

奶欢子，怀抱子[③]。

半吊子，土包子。

眼像睩蛇[④]，嘴像薄刀。

睡回笼觉，发朱砂孬[⑤]。

牛高马大，猪头猪脑[⑥]。

人心惶惶，神神叨叨。

人在人情在，一好要两好[⑦]。

撒泡尿照照，给脸色瞧瞧。

湿手插在干面里，讨了虱子头上挠[⑧]。

打开天窗说亮话，抱着葫芦不开瓢[⑨]。

① 【草要子，稻钓子】草要子，用稻草拧成的单股简易绳索；稻钓子，成熟的稻穗。

② 【掉链子，撂挑子】掉链子，比喻在关键时刻出错；撂挑子，比喻丢下应该负责的工作不管。

③ 【奶欢子，怀抱子】奶欢子，指处于哺乳期长得逗人喜爱的婴儿；怀抱子，周岁左右的婴儿。

④ 【睩蛇】形容眼睛不停地转动着、搜寻着，含贬义。

⑤ 【睡回笼觉，发朱砂孬】睡回笼觉，意谓起床之后，没过多久又上床睡觉；发朱砂孬，旧俗认为朱砂能镇静安神，但服用多了，就会变得痴呆，或脾气倔强。

⑥ 【牛高马大，猪头猪脑】牛高马大，比喻人长得高大强壮，引申为形象高大；猪头猪脑，比喻笨拙或不顾实际情况去硬干。

⑦ 【一好要两好】意谓只有双方都能忍让友爱，才能使关系和谐，仅是一方友好，无济于事。

⑧ 【湿手插在干面里，讨着虱子头上挠】前句比喻完全沾上，难以甩脱；后句比喻自找麻烦。虱，江淮方言读作 sè，入声。

⑨ 【抱着葫芦不开瓢】比喻对问题不发表意见，闷不作声。

十九

自由自便，无事无孬[①]。
人五人六，三请四邀。
笨手笨脚，呆头呆脑。
两腿发软，身子发飘。
墙头一棵草，风吹两边倒，
吃喝不计较，买卖论分毫。
不拢像纱萃[②]，长得像拐枣，
两好合一好，老嫩一把薅[③]。
抬棺材掉裤子，哭的哭笑的笑。
疼外孙手一指，疼家孙纸一刀[④]。
十件褂子不抵个袄子，十个叔子不抵个老子。
不会做鞋样子倒不少，要钱没有要命有一条。

① 【无事无孬】即无缘无故。

② 【不拢像纱萃】比喻人言语混乱，讲话颠颠倒倒，像杂乱的纱线一般。纱萃，旧时纺车上绕线的纱锭。

③ 【薅】去掉，拔除，读作 hāo。

④ 【疼外孙手一指，疼家孙纸一刀】意谓疼爱外孙没用，将来只会用手指一指外公外婆的坟头在哪；疼爱家孙多少还能烧点纸。这是狭隘的宗亲观念。

二十

驼子睡觉,一拱一翘。

麻袋菱角,里戳外捣。

小本生意,角子毛票①。

顺手反手,头毫二毫②。

败家子作的,几个钱烧的③。

大路边抱的,门头向招的④。

鼓嘴大憋气,广额肿眼泡。

身上冒冷汗,脸上发火烧。

做屋子等盖瓦,现点火现烧窑。

瓦匠不怕爬高,篾匠不怕弯腰。

腊月皇天日子好,多少姑娘变大嫂。

一个萝卜一个凼⑤,一锯梭开两块瓢⑥。

---

① 【角子毛票】指币值很小的硬币和纸币。角子,江淮方言读作 gē zǐ。

② 【头毫二毫】指中国的杆秤或戥子上的提绳,靠近秤钩的一根称"头毫",用于称重物,离秤钩较远的那根叫"二毫",用于称较轻的物体。

③ 【几个钱烧的】因有钱而言行高调,自以为了不得。

④ 【大路边抱的,门头向招的】前句意谓小孩是从路边捡的,没有血缘关系;后句意谓家风或家人性格早已由大门朝向的风水决定了,无法改变。

⑤ 【凼】小的土坑或水坑,读作 dàng。

⑥ 【一锯梭开两块瓢】此句的歇后语是"一对"。梭,用锯子锯开。

第六部　飞韵[1]

① 【飞韵】江淮方言中的“飞韵”，既包括普通话ei、ui二韵，也包括普通话“e”韵中方言读作“ei”的少量字，如“蛇”“车”“扯”等字。

一

鼻梁埂[1]，耳朵垂。
三角眼，八字眉。
拆墙脚，拖后腿。
下脚料，扬尘灰[2]。
三长两短，挑瘦拣肥。
虚情假意，口是心非。
远路怕水，近路怕鬼。
戳包惹祸，舞马扬蛇[3]。
上头歪歪嘴，下头跑断腿。
黄土埋半截，老牛拉破车。
猫大年纪狗大岁，千年王八万年龟。
三十六计走为上，好汉不吃眼前亏。

① 【鼻梁埂】即鼻梁。埂，本指地势高起的长条地方，此处指鼻梁像小山埂一般，读作 gèng。

② 【下脚料，扬尘灰】下脚料，比喻残余的没有多少用处的边角料；扬尘灰，屋梁、墙壁等室内器物上积下的灰尘。

③ 【舞马扬蛇】形容不走正道、恣意妄为。

二

水帮鱼，鱼帮水。

好讲语，在一堆①。

狗短碓，有一腿②。

乡里鼓，乡里擂③。

翻白果眼，竖柳叶眉。

走冤枉路，吃哑巴亏。

三分像人，七分像鬼。

恨得牙痒，吓得滴尿。

无赊不成店，无谎不成媒④。

欠一屁股债，碰一鼻子灰。

人不出门身不贵，火不烧山地不肥⑤。

上吊还要喘口气，拈到红枣当火吹⑥。

---

① 【好讲语，在一堆】好讲话，指脾气好，易通融；在一堆，即在一起。好，读作hǎo。

② 【狗短碓，有一腿】狗短碓，比喻格调低下、不入流；有一腿，指不正当的男女关系。

③ 【乡里鼓，乡里擂】比喻用土办法解决当地的问题。

④ 【无赊不成店，无谎不成媒】前句意谓做生意要灵活经营，允许顾客赊欠；后句揶揄旧时媒人多不实之词。

⑤ 【火不烧山地不肥】本指土壤经过火烧烤就变得肥沃，比喻人必须经过历练才能提升。

⑥ 【上吊还要喘口气，拈到红枣当火吹】前句形容性子慢，遇事不急；后句比喻虚张声势、小题大做。

三

扫堂腿，塞皮锤[①]。

七不出，八不归[②]。

河无鱼，虾也贵。

下龙个[③]，打炸雷。

米多嫌碎，肉多嫌肥[④]。

无本生意，只赚不赔。

婆婆嘴碎，媳妇耳背。

吃饭拣嘴[⑤]，喝酒贪杯。

裤裆挂碓嘴，砸蛋又砸腿[⑥]。

张飞打岳飞，无非不无非[⑦]。

千金难买老来瘦，蜒蚰[⑧]不动自然肥。

十个指头有长短，麻雀不跟燕子飞。

① 【扫堂腿，塞皮锤】扫堂腿，一种武术名称，身体下蹲，用腿猛力横扫对方小腿部以击倒对方。塞皮锤，即挥拳。塞，读作 sāi。

② 【七不出，八不归】民间迷信认为初七出门、初八回家于人于事不利。

③ 【下龙个】即下冰雹。

④ 【米多嫌碎，肉多嫌肥】比喻条件好了容易使人养成挑剔的毛病。

⑤ 【拣嘴】即挑食。

⑥ 【裤裆挂碓嘴，砸蛋又砸腿】比喻不如意事接二连三地发生。

⑦ 【张飞打岳飞，无非不无非】比喻放手一搏，不考虑结果。

⑧ 【蜒蚰】一种软体动物，俗称鼻涕虫，体表湿润有黏液，爬行缓慢。

四

扯经子，耖是非[①]。

望山势，估大堆[②]。

捋锄把，泥糊腿[③]。

拉郎配[④]，吃闷亏。

炸毛脾气[⑤]，老是吵嘴。

三弯九转，两手一推[⑥]。

若要人不知，除非己莫为。

礼多人不怪，身大力不亏。

徒弟要想会，跟着师傅一头睡[⑦]。

儿子做官回，不如丈夫讨饭回[⑧]。

苍蝇不叮无缝蛋，强龙难斗地头蛇。

不摸锅底手不黑，占小便宜吃大亏。

---

① 【扯经子，耖是非】扯经子，指双方发生矛盾；耖是非，指制造矛盾，搬弄是非。

② 【望山势，估大堆】望山势，指观察事物发展的趋势；估大堆，估量物体的体积或数量。

③ 【捋锄把，泥糊腿】两者都指干农活的人。捋，用手抹，读作 lǚ。

④ 【拉郎配】指旧时强拉男子与女子结为夫妻，现比喻不顾双方意愿的强行搭配。

⑤ 【炸毛脾气】形容脾气暴躁，一言不合就动手打架。

⑥ 【三弯九转，两手一推】三弯九转，形容周折多，也形容人过于讲究礼节，不爽快；两手一推，表示不担责任。

⑦ 【徒弟要想会，跟着师傅一头睡】指旧时徒弟要想学好手艺，必须服侍好师傅，如盛饭、打水、铺床等，这样师傅才会传授技巧。

⑧ 【儿子做官回，不如丈夫讨饭回】意谓夫妻感情是其他亲情无法替代的。

五

不千岁，不万岁[①]。

掯着头[②]，往前擂。

风流债，催命鬼。

死木头，活乌龟[③]。

七老八十，老一班辈。

瞎子拢坟，就这一堆[④]。

迈八字步，跷二郎腿。

告枕头状[⑤]，搭顺风车。

活是你家人，死是你家鬼。

兵败如山倒，墙倒众人推。

又是龙灯又是会，又是奶奶八十岁[⑥]。

家鸡打得团团转，野鸡打得满天飞。

---

① 【不千岁，不万岁】对问题不置可否，做老好人。

② 【掯着头】即低着头，掯，读作 kèn。

③ 【死木头，活乌龟】死木头，比喻脑筋僵化，不知变通；活乌龟，比喻明摆着吃亏或被人当面欺负而不敢反抗。

④ 【瞎子拢坟，就这一堆】比喻范围所限，结果就是这些。

⑤ 【告枕头状】指妻子向丈夫说别人的坏话。

⑥ 【又是龙灯又是会，又是奶奶八十岁】意谓喜庆活动接连不断。

六

侉着脸，日秋霉[①]。

如割肉，似扎锥[②]。

死要脸，活受罪。

按手罗，画乌龟[③]。

心里有鬼，一肚子坏水。

吃不得亏，到不了一堆。

一人动动嘴，十人淌口水。

一跤摔到地，八字定了规[④]。

好死不如赖活，要哭不得撇嘴[⑤]。

人无横财不富，马无夜草不肥。

挑水的娶到个卖茶的，人对桶也对。

吃生米碰到吃毛稻的，你锤他更锤[⑥]。

① 【侉着脸，日秋霉】侉着脸，指不高兴的脸色；日秋霉，指触了很大的霉头。

② 【如割肉，似扎锥】比喻切身利益遭到剥夺或侵犯的感受。

③ 【按手罗，画乌龟】按手罗，即按手印；画乌龟，谑称在字据上签名。旧时文盲多，在无法签名时，就以画圆圈代替，就如阿Q赴刑场画押一般。

④ 【一跤摔到地，八字定了规】迷信认为，人自出生，其命运就确定了，无法改变。八字，指一个人出生时的干支历，年月日时共八个字，又叫生辰八字。

⑤ 【要哭不得撇嘴】形容糟糕的情绪已达临界点，只要稍微刺激，情绪便会完全发泄出来。扁嘴，要哭的样子。

⑥ 【锤】形容蛮横不讲理。

七

鹰鼻子，豁嘴子[①]。

动筷子，炸罍子[②]。

老牌子，小使子[③]。

打条子，开非子[④]。

白日鬼子，砸蛋锤子[⑤]。

没有眉子，坏了坯子[⑥]。

跌娘老子相，倒八辈子霉。

篾丝穿黄鳝，瓦罐养乌龟[⑦]。

只见强盗吃肉，不见强盗受罪。

穷得鬼不生蛋，坏得猪都不㞞[⑧]。

饿得前心贴后背，跑得两脚不沾灰。

狗咬耗子管闲事，猫哭老鼠假慈悲。

---

① 【鹰鼻子，豁嘴子】鹰鼻子，指人鼻子形状有似鹰嘴下勾，也叫鹰钩鼻，旧时相术认为有此面相的人精于算计，心地阴险；豁嘴子，即兔唇。

② 【炸罍子】酒席用语，指将一大杯酒一口喝下。

③ 【老牌子，小使子】老牌子，比喻资格老，人所公认的，也比喻完全能担当；小使子，被人使唤。使，江淮方言读作 sěi。

④ 【开非子】开单据。

⑤ 【白日鬼子，砸蛋锤子】白日鬼子，指行动诡秘、到处欺诈的人；砸蛋锤子，哀叹语，表示事情坏到极点。

⑥ 【没有眉子，坏了坯子】没有眉子，指事情没有眉目；坏了坯子，指自小疏于管教，难以变好。

⑦ 【篾丝穿黄鳝，瓦罐养乌龟】前句歇后语是“串起来了”；后句的歇后语是“越养越缩”，比喻小孩越来越没有出息。

⑧ 【㞞】指猪用嘴拱土、拱食，读作 huī。

八

安安稳稳，正正规规。

拉拉扯扯，是是非非。

鸡胸驼背，孤魂野鬼。

请客不催，狗屁猫尿[①]。

聋子不怕雷，瞎子不怕蛇。

黄嘴丫没褪，大姑娘做媒[②]。

喝药不短嘴，郎中跑断腿。

打个鸡眨眼，觉醒赖了尿[③]。

起晒戗大的头，收棉线粗的尾[④]。

含在嘴里怕化，捉在手上怕飞。

大清早上遇到鬼[⑤]，半夜三更不能睡。

鱼吃新鲜米吃熟[⑥]，人凭志气虎凭威。

---

① 【请客不催，狗屁猫尿】意谓请人赴宴需要在宴前诚挚敦请，否则被认为不真诚、不靠谱。

② 【黄嘴丫没褪，大姑娘做媒】前句比喻年幼无知，没有社会经验，雏鸟出生后嘴角呈乳黄色，随着成长乳黄色渐渐消退；后句的歇后语是“说人不说己”。

③ 【打个鸡眨眼，觉醒赖了尿】前句比喻睡了片刻；后句比喻等到觉悟过来，错误已经犯了。

④ 【起晒戗大的头，收棉线粗的尾】比喻起初声势很大，结尾草草收场。晒戗，农村用于晒谷物的竹制大簸箕，有大圆桌般大小。戗，读作 qiāng。

⑤ 【大清早上遇到鬼】意谓一开始就遇到不顺心、不吉利的人和事。

⑥ 【米吃熟】糙米要经过碓舂之后，做出的米饭才滑软可口。

九

三天两头，一时半会。

钱不凑手，十有九回。

七七八八[①]，拉拉扯扯。

过街老鼠，缩头乌龟。

偷牛的没事，拔桩的倒霉。

新婚第二晚，入席第三杯。

前怕狼后怕虎，摸摸头一千岁[②]。

一分钱攥出汗，烂桃子滚一堆[③]。

牛皮不是吹的，大独山不是一天堆的[④]。

挑担卖灰面的，见不得人家卖石灰的[⑤]。

占不尽的便宜上不尽的当，嫁出去的女儿泼出去的水。

家门口的泥巴塘知道深浅，才放下的讨饭棍还没登灰[⑥]。

① 【七七八八】形容零零碎碎。

② 【摸摸头一千岁】指不想得罪人而无原则的苟且迁就。

③ 【一分钱攥出汗，烂桃子滚一堆】前句形容人吝啬；后句比喻无能的人常聚在一起。

④ 【大独山不是一天堆的】意谓事情是日积月累、实实在在做出来的。大独山，即大蜀山，合肥城西边的一座小山。

⑤ 【挑担卖灰面的，见不得人家卖石灰的】意谓从事相同或相似行业的人贪心和嫉妒心强烈。灰面，即面粉。

⑥ 【家门口的泥巴塘知道深浅，才放下的讨饭棍还没登灰】前句比喻相互熟悉，知道对方底细；后句比喻穷日子刚刚结束。登灰，上面落下灰尘，表示有些时日。

第七部　人韵[①]

① 【人韵】因江淮方言发音中前后鼻音区分不明显，故本韵部包含普通话中en、in、eng、ing、un、ün等韵母构成的汉字。

一

活蹦蹦，好生生。
屁亟亟[1]，慢吞吞。
临上吊，缂泡颈[2]。
活得味，不懂经。
人怕掉队，雁怕离群。
跟不上趟，抽不开身。
穷不统[3]门，富不统坟。
鲤鱼打挺[4]，鹞子翻身。
恶人先告状，得理不饶人。
怄气怄肠子，嚼蛆嚼舌根[5]。
今朝有酒今朝醉，一岁年纪一岁人[6]。
不看僧面看佛面，不修今生修来生。

---

① 【屁亟亟】形容为利益而快速奔走。

② 【临上吊，缂泡颈】比喻将问题拖到最后才去解决。缂泡颈，除去脖颈上的瘤子(甲状腺肿)。缂，用线或细绳系上、收紧并切除，读作 kè，入声。

③ 【统】移动。

④ 【打挺】指胸腹部用力挺起。

⑤ 【怄气怄肠子，嚼蛆嚼舌根】前句指因某事无法解决而忧虑、烦心；后句指在背后说人坏话。怄，使人烦恼，读作 òu。

⑥ 【一岁年纪一岁人】意谓随着年龄的增加，(老年人)体力和精神都不如从前。

二

享清福，隔代亲。

爷见孙，猫见腥[①]。

吊颈鬼，草把人[②]。

失家教，不合群。

猫养猫疼，狗养狗疼。

怎来怎去，老亲开亲。

圆的不稳，方的不滚[③]。

武不能武，文不能文。

蚊虫招扇打，只为嘴伤人。

母狗不摇尾，公狗不上身。

夜里下雨白天晴，懒汉急得肚子疼。

上半夜想想自己，下半夜想想旁人[④]。

---

① 【爷见孙，猫见腥】意谓爷爷对孙子格外宠爱，有割舍不断的亲情。

② 【草把人】即稻草人，比喻没有实际本领和力量的人。

③ 【圆的不稳，方的不滚】比喻做人做事总有不足，很难达到十全十美的境界。

④ 【上半夜想想自己，下半夜想想旁人】意谓将心比心，既要考虑自己，也要站在别人的角度上想一想。

三

歇半夜，起五更。

连班转，搠流星[①]。

穿钉鞋，拄拐棍[②]。

不信讲，磨难人[③]。

乖也是疼，呆也是疼[④]。

人生一世，草木一春。

生铁补锅，手段降人[⑤]。

火烧眉毛，水齐腰深。

叫人不折本[⑥]，舌头打个滚。

耳朵斤把斤，听话听不清。

官向官，民向民，和尚向着寺里人。

猫叫号，狗连筋[⑦]，神仙也有思凡心。

---

① 【连班转，搠流星】连班转，指接连上几个班次不停歇；搠流星，比喻很快地来回跑动或倒腾。搠，读作 shuò，入声。

② 【穿钉鞋，拄拐棍】比喻很把稳。

③ 【不信讲，磨难人】不信讲，指不听劝说；磨难人，形容故意折磨、刁难人。

④ 【乖也是疼，呆也是疼】意谓不管孩子是聪明还是笨拙，父母都疼爱，不分彼此。

⑤ 【生铁补锅，手段降人】意谓在某个行当有绝技，足以傲人。补锅一般用纯铜或熟铁，因生铁性脆，用生铁补锅难度大，技术要求高。降，降服，读作 xiáng。

⑥ 【叫人不折本】意谓称呼对方（多指长辈）是有益的。

⑦ 【猫叫号，狗连筋】猫叫号，即猫叫春；狗连筋，指狗的交配。

四

阴漆漆[①],白生生。

瘪切切,饱闷闷。

贪小利,折[②]大本。

活鳖十,倒插门[③]。

求生不得,求死不能。

白衣秀士,红毛野人[④]。

是神归庙,是鬼归坟。

不得掉爪,难得断根。

端了金饭碗,忘了讨饭棍。

进了三宝殿,都是烧香人。

该放手时就放手,得饶人处且饶人。

打油的钱不买醋[⑤],吃了扁担横了心。

---

① 【阴漆漆】形容阴暗的样子。

② 【折】亏损,读作 shé。

③ 【活鳖十,倒插门】活鳖十,本指牌九中最小的点,比喻受到冤屈的对待;倒插门,指结婚后男子到女方家里落户。

④ 【白衣秀士,红毛野人】白衣秀士,指旧时没有考取功名的读书人;红毛野人,比喻性格暴躁、蛮横不讲理的人。

⑤ 【打油的钱不买醋】比喻思想僵化、不知变通。

五

痴心汉，烂好人。

搅屎棍，犟葛根[①]。

有一顿，没一顿。

前一向，后一程[②]。

不做和尚，不知头冷[③]。

鬼迷心窍，狗眼看人。

擀面杖吹火，铁将军把门。

站得腿发软，鏨[④]得头生疼。

老病鬼吃蚕豆，落得一个嘴硬。

三九天睡猪槽，没有一面热人。

小姐身子丫鬟命[⑤]，一朝天子一朝臣。

举手不打无娘子，开口不骂赔礼人。

---

① 【搅屎棍，犟葛根】搅屎棍，比喻惹是生非、搅局的人；犟葛根，比喻执拗、冥顽不化的人。葛根，山区野生葛藤强劲坚韧的根茎。

② 【前一向，后一程】表时间，指前一段时间和后一段时间。

③ 【不做和尚，不知头冷】比喻不经历某事，就不知道其间的艰辛。

④ 【鏨】指硬物的碰撞，读作 zàn。

⑤ 【小姐身子丫鬟命】意谓身体孱弱、娇嫩，但因地位低下，要做很多体力活。

六

风凉话，敲搭人[①]。
穷吃素，老看经[②]。
阎王债，棺材本[③]。
自来旧，赤崭新。
黄皮刮瘦，病到功程[④]。
身子发软，腿打蹲蹲[⑤]。
舍命陪君子，家鬼害家人。
懒人穿长线，笨人用弯针[⑥]。
人有三分怕鬼，鬼有七分怕人。
说得生人倒地，讲得死人翻身[⑦]。
吃掉干粮无事想，看着干粮想死人。
不到黄河心不死，到了黄河死了心。

---

① 【敲搭人】指用旁敲侧击的话来挖苦、讽刺人。敲，读作 kāo。

② 【穷吃素，老看经】意谓生活环境影响着人的所作所为。

③ 【棺材本】指代老人积攒的养老钱。

④ 【功程】指非常严重的程度。

⑤ 【腿打蹲蹲】形容人因疲劳、衰弱，导致走路时腿部酸软无力、难以支撑的样子。

⑥ 【懒人穿长线，笨人用弯针】意谓懒惰和笨拙的人都能找到让自己懒惰或投机取巧的办法。

⑦ 【说得生人倒地，讲得死人翻身】意谓说的话极度夸张或效果神奇。

七

大肚子，双身子①。

养儿子，添孙子。

能豆子，僵颈子②。

药引子③，命根子。

王二麻子，屎头混子④。

拔脓足子，扣屎盆子。

吃了饼子，套了颈子⑤。

牵牛鼻子，碰软钉子。

疑心生暗鬼，翻脸不认人。

给脸不要脸，早死早超生。

一个将军一个令，一个和尚一个磬。

有钱难买回头望⑥，酒香不怕巷子深。

① 【大肚子，双身子】都指有孕在身的孕妇。

② 【能豆子，僵颈子】能豆子，比喻喜欢炫耀自己才能；僵颈子，头颈故意偏向一边，指倔强、不听话。两者多用于小孩。

③ 【药引子】中药药剂中另加的一些能加强药效的药物。

④ 【王二麻子，屎头混子】王二麻子，表示事情无着落或愿望落空；屎头棍子，比喻思维不正常、行为乖张的人。

⑤ 【吃了饼子，套了颈子】比喻受利诱而掉入陷阱，无法解脱。

⑥ 【有钱难买回头望】意谓收尾阶段对工作进行回顾、检查、总结很重要。

八

打前站，走后门。

鞋跟脚，衣合身。

人抬人，半天云[①]。

放茬子，量视人[②]。

花脚蚊子，无头苍蝇。

鸡鸭鹅只，扁毛畜生。

一个拿刀，一个拿盆[③]。

东山再起，咸鱼翻身。

踢寡妇的门，挖孤老的坟[④]。

秀才遇到兵，有理讲不清。

跌倒都是坐把式，站着讲话不腰疼[⑤]。

龙生一个定乾坤，猪生一窝拱墙根。

---

① 【人抬人，半天云】意谓多给别人说好话，对自己也有好处，形容人与人之间互相尊重，就能双赢。

② 【放茬子，量视人】放茬子，指说错话或说不合时宜的话；量视人，指轻视、看不起他人。

③ 【一个拿刀，一个拿盆】形容两人配合得当，非常默契。

④ 【踢寡妇的门，挖孤老的坟】指旧时地痞流氓欺软怕硬，专门欺负没有反抗能力的人。

⑤ 【跌倒都是坐把式，站着讲话不腰疼】前句形容人虽遭挫折、失败，但不失人格尊严；后句形容不能设身处地替人着想，脱离实际地贬低别人、吹嘘自己。

九

苦亟亟[①],甜津津。

打转转,竖蜻蜻[②]。

抬眉皱,鱼尾纹。

人寻死,猪犯瘟。

刀刀见血,招招毙命。

姑爷进门,小鸡没魂[③]。

前生做多过,小鬼不上门。

两眼一抹黑,耳朵打苍蝇[④]。

一碗两碗养命,三碗四碗胀粪。

杠子抵不住人,筷头能抵住人。

四两鸭子半斤嘴,半油篓子尽扯能[⑤]。

好心做了驴肝肺,放屁砸了脚后跟[⑥]。

---

① 【苦亟亟】形容食物或药物的味道有点苦尾子。

② 【竖蜻蜻】即倒立。

③ 【姑爷进门,小鸡没魂】意谓女婿来了,丈母娘要杀鸡款待,各地多有这种习俗。

④ 【两眼一抹黑,耳朵打苍蝇】前句比喻对周围情况一无所知;后句讽刺听话不用心,像牛一样用耳朵驱赶蚊蝇。

⑤ 【四两鸭子半斤嘴,半油篓子尽扯能】前句比喻爱说假话、空话、大话、套话;后句比喻没有真本领的人却到处招摇、显摆。

⑥ 【放屁砸了脚后跟】形容诸事不顺。

十

胖达达，矮墩墩。

鬼亟亟，头抡抡[①]。

鸡缩脚，驴打滚。

平班辈，二旁人[②]。

做官靠印，做田靠粪。

秤砣虽小，能压千斤。

晚娘晚老子，各养的各疼。

黄鼠狼生儿，尖起嘴来疼。

远亲不如近邻，近邻不如对门。

跟好人学好人，跟犸虎学咬人[③]。

当家才知柴米贵，养儿方知报母恩。

早养儿子早得力，早插黄秧早生根。

① 【鬼亟亟，头抡抡】鬼亟亟，形容心怀鬼胎、行动诡秘的样子；头抡抡，形容走路时脖子前伸而警觉的样子。抡抡，江淮方言读作 lēn lēn。

② 【二旁人】即别人。

③ 【跟犸虎学咬人】即跟着坏人就会学坏。犸虎，一种食人猫科动物，犸，读作 mā。

十一

桃花命，杨柳身[①]。

望门寡，丧门星[②]。

酒乱性，色迷人。

尖头铆，花头经[③]。

驮债[④]要忍，还债要狠。

是草有根，是话有音。

灶内不断火，路上不断人[⑤]。

做九不做十[⑥]，卖艺不卖身。

打蛇打七寸，对事不对人。

勒紧裤腰带，打掉望畅心[⑦]。

大水冲掉龙王庙，一家不认一家人。

不看僧面看佛面，不念鱼情念水情。

---

① 【桃花命，杨柳身】桃花命，旧指女子薄命；杨柳身，形容女子苗条轻柔的身段。

② 【望门寡，丧门星】望门寡，指男女双方订婚后，未结婚而男方先死，女方因此而守寡；丧门星，比喻带来灾祸或者晦气的人。

③ 【尖头铆，花头经】尖头铆，比喻为人奸猾、善于钻营的人；花头经，形容人善于在形式上翻新，含贬义。

④ 【驮债】即借债。

⑤ 【灶内不断火，路上不断人】两句意谓家业发达，人丁兴旺。

⑥ 【做九不做十】民俗以“九”谐音“久”，所以遇到整十岁寿辰时，要提前一年祝贺。

⑦ 【打掉望畅心】意谓丢掉不切实际的念头。

十二

火辣辣，冷冰冰。

热燥燥，汗津津。

一等一[①]，稳打稳。

里外里，明大明[②]。

嘴甜心苦，呱嗒无情[③]。

初嫁从亲，再嫁由身[④]。

给你是情分，不给是本分。

救急不救穷，输嘴不输身[⑤]。

尿脬打人不疼，心里有点胀人。

六月天天尝新，腊月天天接亲[⑥]。

逢人只说三分话，口水也能淹死人。

蜂子追来无跛子，狗怕弯腰狼怕蹲[⑦]。

---

① 【一等一】指第一等中的第一名，形容特别出众。

② 【里外里，明大明】里外里，表示两方面合计；明大明，即明显，明明白白。

③ 【呱嗒无情】形容狠毒，一点不讲情面。

④ 【身】指自己。

⑤ 【输嘴不输身】指女人与男子打闹，宁可让对方在语言上占便宜，绝不能让对方对自己身体"揩油"。

⑥ 【六月天天尝新，腊月天天接亲】意谓农历六月午季作物次第成熟，农历腊月农闲无事，娶亲的多。

⑦ 【蜂子追来无跛子，狗怕弯腰狼怕蹲】前句意谓在危险时刻，人会克服一切困难逃生；后句意谓面对强敌，要用智慧克敌制胜。

十三

沙硌硌，膃筋筋[①]。
戳八教，闯祸精[②]。
大老直，饲头人[③]。
狗腿子，包打听[④]。
红白喜事，顺手人情。
鸡肠小肚，不格识人[⑤]。
不是一家人，不进一家门。
打虎亲兄弟，上阵父子兵。
不见棺材不落泪，火烧乌龟肚子疼[⑥]。
摸黑不如起五更，添油不如早吹灯。
吃饭像李闯王攻城，干活像吊颈鬼找绳。
年年爬起来磨豆腐，场场离不开穆桂英[⑦]。

---

① 【沙硌硌，膃筋筋】沙硌硌，形容咬嚼沙土未净食物时的感觉；膃筋筋，形容食物有韧性，耐咀嚼。

② 【戳八教，闯祸精】戳八教，即儿戏，也指不符合传统规范却有创意的做法；闯祸精，专门惹祸闹事的人。

③ 【大老直，饲头人】大老直，形容性格直爽，有话直说；饲头人，指固执、愚顽的人，饲，读作 zhòu。

④ 【包打听】指好打探消息或知道消息多的人。

⑤ 【不格识人】指难与人相处。

⑥ 【火烧乌龟肚子疼】比喻碍于情面或利益等，内心有苦楚却无法对外诉说。

⑦ 【场场离不开穆桂英】比喻所有场合都离不开关键人物的指挥和调度。

十四

水鼓胀[①]，干巴精。

芽芽菜，细拎拎。

烟不出，火不进[②]。

闻到腥，胀断筋[③]。

丫头出嫁，两桶三盆[④]。

田要冬耕，儿要亲生。

两亲家爬路，新媳妇回门[⑤]。

连疮腿看戏，门缝里看人[⑥]。

苏秦还是旧苏秦，换了衣裳没换人。

命中只有八合[⑦]米，走遍天下不满升。

心急吃不了热豆腐，荒年饿不死手艺人。

不会做裁缝会攮边[⑧]，讲的比唱的还好听。

---

① 【水鼓胀】病名。指由于水液代谢障碍以致水液停留的一种病征，又称为“水肿”，病人发病时面目四肢俱肿，或怔忡喘息。

② 【烟不出，火不进】形容人慢性子，不爱说话，也比喻说话做事慎重，很少犯错误。

③ 【闻到腥，胀断筋】意谓对荤腥食物十分爱好，食必果腹。

④ 【两桶三盆】旧时嫁女娘家陪嫁的物件，“两桶”指提桶和子孙桶，“三盆”指脸盆、脚盆和澡盆。

⑤ 【两亲家爬路，新媳妇回门】前句指男女认亲后，双方父母开始称对方为亲家，互相走动；后句指女子婚礼后第三天，与夫婿一道回到娘家看望或小住。

⑥ 【连疮腿看戏，门缝里看人】前句歇后语是“站不长远”；后句歇后语是“把人看扁了”。

⑦ 【合】旧时量器单位，十合为一升，十升为一斗。合，读作 gě。

⑧ 【不会做裁缝会攮边】比喻昧于整体操作，却精通某个局部的技巧。攮边，即缲边，把织物毛边折叠后用线缝住，以防散头，读作 qiāo biǎn。

十五

雪花银，押板金[①]。

难为你，承你情。

车不开[②]，手头紧。

随份子，行人情。

人要忠心，火要空心。

跟前跟后，乡里乡亲。

只有人脏水，没有水脏人。

喝拜把子酒，开摇窝子亲[③]。

伸手不见五指，对面不见来人。

求人不如求己，拜佛只拜一尊。

有酒有肉接远亲，风吹火起喊近邻。

除了猪肉无大荤，除了郎舅无好亲。

---

① 【押板金】即押金。

② 【车不开】指经济拮据，周转不开。

③ 【喝拜把子酒，开摇窝子亲】前句旧指几个朋友结为异姓兄弟，要跪拜天地，喝结拜酒；后句旧指男女在婴儿时就由家长订了婚。

十六

大烟鬼[①],败家精。

瞎鬼混,扫帚星。

锁口纹[②],饿死人。

二百五,愣头青。

天黄有雨,人黄有病。

一小把把,瘦格唧精。

缺胳膊断腿,拍屁股走人。

儿多母吃苦,滚粥菜遭瘟。

数冬瓜道瓠子,吃五谷生百病。

不吃鱼嘴不腥,不做贼心不惊。

沈万三[③]打死人出钱,叫花子打死人偿命。

看人吃豆腐牙齿快,外来的和尚好念经。

---

① 【大烟鬼】指吸食鸦片的人,也喻指身体瘦弱、面色灰暗、精神委顿的人。

② 【锁口纹】指有纹路从嘴角入口,迷信认为这种面相的将来会饿死。

③ 【沈万三】元末明初江南首富。

十七

脊梁背，顶门心。

吹胡子，瞪眼睛。

败家相，啃老本。

吃讲精，做拣轻。

门当户对，两家开亲。

白纸黑字，板上钉钉。

两条腿走路，一碗水端平[1]。

吃粮不问事，无官一身轻。

仓头上不省，仓脚下吊颈。

新坟不过社[2]，岁月不饶人。

铜钱看得磨盘大，秤砣虽小压千斤。

宰相肚里能撑船，强将手下无弱兵。

---

① 【两条腿走路，一碗水端平】前句指做人做事有独立性，不依附于别人；后句比喻处理事情公正，不偏袒任何一方。

② 【新坟不过社】民间习俗，祭扫新坟要在春社日之前。社，古时用于祭祀土地神的日子，分为“春社”和“秋社”，春社指立春后的第五个戊日。

十八

伢子气,老人经[①]。

接下语,赔小心。

人比人,气死人。

手沃气,腿搾筋[②]。

穷不靠亲,冷不向灯。

念书发狠,做事尖心。

一人不进庙,二人不看井[③]。

人心换人心,八两兑半斤。

扛锅铲子蹭饭,斩砧板子骂人[④]。

牛头不对马嘴,鼻子莫说眼睛。

一升米养个恩人,一斗米养个仇人。

整瓶不晃半瓶晃,死了女儿断了亲[⑤]。

---

① 【老人经】指青年人为人行事有老年人的做派。

② 【手沃气,腿搾筋】沃气、搾筋,指手脚等骨关节因垂直碰撞硬物或运动不当,导致韧带或软组织受伤。

③ 【一人不进庙,二人不看井】意谓人在任何时候,都要防范身边的危险。

④ 【扛锅铲子蹭饭,斩砧板子骂人】前句意谓沾别人的光,一道去吃喝;后句表示一边斩砧板上的肉块,一边诅咒对方以解恨。斩,江淮方言读作 zhān。

⑤ 【死了女儿断了亲】意谓随着关键人物的离去,衍生的各种关系都难以延续。

十九

腿膁杆，脚板心。

嘴巴紧，喉咙深[①]。

前掴金，后掴银[②]。

眍鼻子，凹眼睛[③]。

七古八杂，斤把两斤。

话中有话，亲上加亲。

手脚不干净[④]，水火不留情。

一蛮三分理[⑤]，直木顶千斤。

核桃换成烂柿子，吃软不吃硬。

毛狗驴子三条筋，驮重不驮轻。

长胳膊拉不住短命鬼，黑眼珠见不得雪花银。

大牯牛也要低头喝水[⑥]，小兔子逼急也会咬人。

---

① 【嘴巴紧，喉咙深】嘴巴紧，说话谨慎，不说不该泄露的话；喉咙深，指代人的城府很深，不易得到真心话。

② 【前掴金，后掴银】意谓小孩头型若前后凸出，预示长大后有财运。

③ 【眍鼻子，凹眼睛】形容人的鼻子扁平，眼眶深陷。眍，读作 kōu；凹，读作 wà。

④ 【手脚不干净】指某人有小偷小摸的恶习。

⑤ 【一蛮三分理】针对特定对象和情势，采取蛮干的方式也有一定的道理。

⑥ 【大牯牛也要低头喝水】比喻权势再大、财富再多的人，也有求人的时候。

二十

红月佬，热闹人。

吓一纵，心一拎[①]。

回头瘾，抵眼棍[②]。

赶热哄，扯离经[③]。

人怕揭短，龙怕揭鳞。

小时偷针，大时偷金。

耳朵背气，心里嘈人[④]。

猴在桌上，夹着眼睛[⑤]。

浪子回心转，烂麻搓成绳。

任你一身铁，能打多少钉[⑥]？

打破砂锅问到底，跳进黄河洗不清。

三魂吓掉二魂半，还有半魂不沾身。

---

① 【吓一纵，心一拎】吓一纵，形容吓得一跳；心一拎，形容心情陡然紧张起来。吓，读作 hè。

② 【回头瘾，抵眼棍】回头瘾，指已戒过的嗜好又染上了；抵眼棍，儿童游戏，两人互看对方，先眨眼一方为输，也比喻无可奈何地互相看着。

③ 【赶热哄，扯离经】赶热哄，指凑在一起起哄或凑热闹；扯离经，指说大话，也指说黄段子。

④ 【嘈人】指胃部难受，不舒服。

⑤ 【猴在桌上，夹着眼睛】意谓紧紧地趴在桌上，闭着眼睛。

⑥ 【任你一身铁，能打多少钉】比喻一个人的能力是有限的。

二十一

作天晴，作天阴①。

头落枕，腿纠筋②。

挤油渣③，快活劲。

刀子嘴，豆腐心。

百万买屋，千万买邻。

树高千丈，落叶归根。

看人生孩子，自己肚子疼④。

倾嘶百叫唤，撞油又煽经⑤。

好狗不拦路，独木不成林。

卖柴不解捆⑥，脑子一根筋。

心问口，口问心，翻身打滚睡不成。

姑舅亲，姑表亲，打断骨头连着筋。

---

① 【作天晴，作天阴】指某些疾病如旧伤、关节炎之类在天气变化尤其阴雨天会感到酸痛的现象。

② 【头落枕，腿纠筋】头落枕，指早晨起床后感觉颈后部、上背部疼痛不适；腿纠筋，即腿部痉挛。

③ 【挤油渣】一种儿童游戏，靠墙的一排孩子从两端往中间挤压，也比喻睡觉时几人挤在一起。

④ 【看人生孩子，自己肚子疼】意谓对他人的痛苦感同身受。

⑤ 【撞油又煽经】形容自我炫耀，自以为了不起。

⑥ 【卖柴不解捆】比喻做事执着于一念，不知变通。

二十二

个顶个[1],门对门。

请菩萨,躲灾星。

自顾自,人托人。

抛绣球,撞天婚[2]。

痴长几岁,人头难顶[3]。

行要好伴,住要好邻。

木匠怕砍楔[4],铁匠怕打钉。

裁缝拿根针,累得血喷心。

九华山菩萨,应远不应近[5]。

一表三千里,再表不认亲[6]。

天上无云不下雨,地上无媒不成亲。

指着兔子给人撵[7],哪家猫儿不偷腥。

---

① 【个顶个】形容个个都很好,都能独当一面。

② 【撞天婚】指旧时一种不加选择、听天由命的择偶成婚方式。

③ 【痴长几岁,人头难顶】痴长几岁,是年龄比对方稍大者的谦辞;人头难顶,形容人际交往中,维持关系和情面不容易。

④ 【楔】在木器榫卯松动时,木匠要砍个大小、松紧合适木楔嵌入其中,加固榫卯。读作 xiē,入声。

⑤ 【九华山菩萨,应远不应近】比喻亲近者得不到好处,关系疏远者反而得到关照。

⑥ 【一表三千里,再表不认亲】形容表亲间关系第一代疏远,第二代就淡化湮没了。在中国宗法社会里,同姓的旁系兄弟姐妹称“堂”,异姓的则称“表”。

⑦ 【指着兔子给人撵】比喻遇到棘手的事,推卸责任,在一旁发号施令,支人上当。

二十三

连珠炮，走马灯。

两码事，一门经[①]。

试金石，分水岭。

零割肉，不觉疼。

九九归一，六六大顺。

掂掂分量，摸摸良心。

老虎头上挠痒，油光凌上搫人[②]。

冷菜冷饭难吃，冷言冷语难听。

唱歌要唱童子音，打鼓要打鼓中心。

抬腿撒尿做狗怪，赔了夫人又折兵。

各人孩子各人抱，谁不晓得自家伢小名[③]。

被条睡成三条筋，还不晓得丈夫什么心。

---

① 【一门经】指专注于某一方面。

② 【老虎头上挠痒，油光凌上搫人】前句比喻胆大妄为，十分危险；后句比喻乘人之危来攻击人。油光凌，指雪后路上因踩踏而形成的冰凌。凌，江淮方言，读作 lìng。

③ 【谁不晓得自家伢小名】意谓对子女或身边事物的特点十分清楚。

二十四

老黄历,现如今。

拖油瓶,马屁精[①]。

寒着脸,不对劲。

三十六,大劫坑[②]。

累得气吭[③],瘦得脱形。

膗[④]得要死,笨得伤心。

庵门对庙门,无情却有情。

话糙理不糙,好讲不好听。

钢刀虽快,不斩无罪之人。

积财千万,不如薄技在身。

摇头不算点头算,肚皮不疼肉不亲[⑤]。

难得世上儿女情,可怜天下父母心。

---

① 【拖油瓶,马屁精】旧指女子再嫁时所带的与前夫所生子女,有歧视意;马屁精,指善于逢迎拍马者。

② 【三十六,大劫坑】江淮部分地区民俗认为,三十六岁是"暗九('九'的倍数)",是人生一道坎,亲友必须为其送白衬衫、裤带等物件"辟邪"。

③ 【气吭】即气喘。吭,读作 hǎng。

④ 【膗】本指猪腹部肥而松软的肉,引申为笨拙,读作 chuài。

⑤ 【肚皮不疼肉不亲】指女性只有经过怀孕、生产,才能体会骨肉亲情。

二十五

子孙桶，猪食盆[①]。

沙脚货，好吃精。

走天时，撞大运。

出洋相，开洋荤。

行不改名，坐不改姓。

眼睛望瞎[②]，肠子悔青。

平头老百姓，阿弥陀佛人。

算盘打得精，裤头改背心。

往亲不如歇店，三文不值二文[③]。

宁吃飞禽四两，不吃走兽半斤[④]。

只认得鼓眼罗汉，认不得闭眼观音[⑤]。

牡丹不带娘家土，皇帝也有草鞋亲[⑥]。

① 【子孙桶，猪食盆】子孙桶，即马桶，旧时嫁女陪嫁物件之一；猪食盆，本指喂猪的木盆，也谑称脏乱的碗碟等餐具。

② 【眼睛望瞎】形容十分期待。

③ 【往亲不如歇店，三文不值二文】前句意谓出外住亲戚家多有麻烦，不如住旅店；后句意谓将值钱的物品廉价出售。

④ 【宁吃飞禽四两，不吃走兽半斤】习俗认为禽类的肉比畜类的肉有营养。

⑤ 【只认得鼓眼罗汉，认不得闭眼观音】意谓对蛮横的狠角恭敬有加，对慈悲为怀者却漠视不理。

⑥ 【牡丹不带娘家土，皇帝也有草鞋亲】前句表现牡丹具有坚强不屈的性格，传说牡丹因违背武则天旨意，从长安被贬至洛阳，连京城的泥土也不沾带，却在洛阳扎根生长；后句意谓皇帝也有穷亲戚。

二十六

婆婆嘴，奶奶经[①]。

将人心，比自心。

出风头，走红运。

自来旧，赤崭新。

打个照面，认得你狠。

酒醉饭饱，呼淌流星[②]。

篾缠三转紧，话说三遍稳。

要知江湖深，死活不作声。

花针戳了一蹦，斧子砍了不疼[③]。

有秧不插一把，无秧不插一根[④]。

站的菩萨站一生，坐的菩萨坐一生[⑤]。

无事不登三宝殿，半路杀出程咬金。

① 【奶奶经】指妇女间常谈的话题，如家长里短、婆媳姑嫂关系之类。

② 【呼淌流星】形容睡得很沉，鼾声连连。

③ 【花针戳了一蹦，斧子砍了不疼】比喻在小的方面斤斤计较，大的方面损失却表现麻木。

④ 【有秧不插一把，无秧不插一根】栽秧时，每个秧棵一般由5株左右的秧苗组成，更多或更少都不利于秧苗生长发棵，比喻做事都有一定之规，不能因外在条件变化而胡作妄为。

⑤ 【站的菩萨站一生，坐的菩萨坐一生】比喻际遇不同，决定了人一生的休咎祸福。

二十七

家事懒，外事勤。

莫奈何，绕末经[①]。

手发烫，脸泛滚[②]。

下雾露，扯连阴[③]。

装神弄鬼，退煞叫魂[④]。

富不串邻，贫不串亲。

掰着手指头算，从牙齿缝里省。

猫洗脸要下雨，狗打嚏要来人。

吃了上顿没下顿，人家生活不累人[⑤]。

睁着眼睛说瞎话，捏着鼻子不吭声。

一家人不说两家话，一床被不盖两样人。

拿廿四个指头抓痒[⑥]，放一百二十个宽心。

① 【绕末经】即稍微，轻微地。

② 【手发烫，脸泛滚】指身体发烧。

③ 【扯连阴】连日的阴雨天气。

④ 【退煞叫魂】旧时对疾病的两种迷信做法。退煞，迷信认为人若得了急病或昏迷是“汤了煞”，即碰到鬼或妖气，必须请法师念咒以退；叫魂，迷信认为小孩受到过度惊吓而神情呆滞，便是掉了魂，大人必须从“掉魂”的地方，喊小孩的名字，将魂叫回来。

⑤ 【人家生活不累人】意谓为别人干活比自己家的活卖力。

⑥ 【拿廿四个指头抓痒】表示对某人格外关照。廿，二十，读作 niàn。

二十八

黄蜡蜡，枵拎拎[①]。

青杆杆[②]，脆生生。

屈死鬼，出人命。

跑腿子[③]，得人疼。

要断回头瘾，除非去吊颈。

三杯和万事[④]，喜酒不醉人。

冲人不打草稿[⑤]，屁股刚落板凳。

鼻子不是鼻子，眼睛不是眼睛[⑥]。

悔得胸门口拍肿，气得腿肚子抽筋。

桑树扁担从小育[⑦]，铁树开花转来生。

癞癞姑[⑧]爬盘秤自称自，观音山的轿子人抬人。

手心是肉手背也是肉，割鼻子疼割耳朵也疼[⑨]。

---

① 【黄蜡蜡，枵拎拎】黄蜡蜡，即蜡黄，多形容有病的脸色、肤色；枵拎拎，很薄的样子。枵，读作 xiāo。

② 【青杆杆】青翠的样子，多形容瓜果蔬菜等。

③ 【跑腿子】指为他人奔走做杂事的人。

④ 【三杯和万事】指饮酒可以解脱愁闷，消除烦恼。

⑤ 【冲人不打草稿】指批评人直言相向，不考虑他人感受。

⑥ 【鼻子不是鼻子，眼睛不是眼睛】比喻看着不顺眼，无端地挑剔、指责。

⑦ 【桑树扁担从小育】比喻对小孩的道德教育要从小开始。育，指将树的枝干绑定，使其按规定的形态生长。

⑧ 【癞癞姑】即癞蛤蟆。

⑨ 【割鼻子疼割耳朵也疼】意谓损害任何一方利益都感到不忍心。

二十九

娇娇女，粑粑心[①]。

家常话，外场人[②]。

汤着鬼，送亲命[③]。

破嘴话，百败星[④]。

反咬一口，死无对证[⑤]。

五花大绑，十指连心。

长短是个棍，大小是个人。

人穷思老债[⑥]，人病想六亲。

包大人断案子，六亲全不认。

五阎王开饭店，小鬼不上门。

十八岁姑娘当红月，人不说你你还说人。

大石头要小石头衬，臭猪头有烂鼻子闻。

① 【粑粑心】比喻中心地带。

② 【外场人】即外面的人，与家人、本地人相对。

③ 【汤着鬼，送亲命】汤着鬼，即碰到鬼，是对遇到不顺心事的埋怨语；送亲命，即丧失性命，感叹事态非常严重。

④ 【破嘴话，百败星】破嘴话，即不吉利的话；百败星，指败家的星宿，即败家子。

⑤ 【死无对证】指当事人已死，无法核对相关的事实。

⑥ 【人穷思老债】意谓人一旦穷困，自然就会想到从前所放的债务是否都收回。

三十

两堂上人,三堂至亲[①]。

眼皮不抬,身子侧伶。

不得好死,不成人形。

好这一口[②],不得断根。

眼不见为净,脚后跟对人。

掏人下巴颏,不是省油灯[③]。

好汉护三村,好狗护三邻。

水蛇不咬人,样子也吓人。

走路如蚂蚁爬,讲话像蚊子哼。

认怂如龟孙子,服侍像老上人。

你把他往堂屋拉,他偏要往牛屋挣[④]。

小时看娘活观音,大时看娘柳树精。

---

① 【两堂上人,三堂至亲】两堂上人,指本家父亲和祖父两辈,也指娘婆二家的上人;三堂至亲,指具有至亲关系的伯父(叔父)、姑父、舅父。

② 【好这一口】指对某种事物十分爱好、痴迷,含贬义。

③ 【掏人下巴颏,不是省油灯】前句指接着别人的话说或掏问别人的有关信息;后句比喻人惹是生非,不好对付。

④ 【你把他往堂屋拉,他偏要往牛屋挣】意谓人不受抬举,自甘低贱。

三十一

肥要有型，瘦要有神。

人老颠倒[①]，树老空心。

寡妇奶奶，光杆司令。

上天无路，入地无门。

十年九不遇，鲤鱼跳龙门。

装孬不折本，万事不求人。

一支脉没断，一锅饭没冷[②]。

钱财如粪土，田多害子孙。

郎不郎秀不秀，糊涂庙糊涂神。

主不请客不饮，七搭金八搭银[③]。

投河只消三尺水，上吊只要一根绳。

不怪自家麻绳短，却怪人家水井深[④]。

① 【颠倒】形容说思维错乱，说话颠三倒四。

② 【一支脉没断，一锅饭没冷】前句指宗族的某一支系绵延不绝；后句比喻宗支关系并不远，如堂兄弟。

③ 【七搭金八搭银】形容说话漫无边际，絮絮叨叨。

④ 【不怪自家麻绳短，却怪人家水井深】意谓不从自身找原因，总是归咎他人。

三十二

甩手掌柜，好好先生。

树怕剥皮，人怕伤心。

不可不信，不可全信。

火烧火燎，立叫立应[①]。

灯不拨不亮，话不说不明。

狗咬吕洞宾[②]，不识好人心。

关公卖豆腐，人硬货不硬。

担上加根针，十里重三斤[③]。

宁可荤口念佛，不可素口骂人[④]。

你不指我鼻子，我不戳你眼睛。

心里有事心里惊，心里无事凉冰冰。

天塌下来长子顶，矮子队里选将军。

---

① 【火烧火燎，立叫立应】火烧火燎，比喻身上热得难受或心中十分焦急，也比喻紧急的事情繁多，正急于应对；立叫立应，形容马上得到应验。应，读作 yīng。

② 【狗咬吕洞宾】比喻人不识好歹。吕洞宾是中国民间传说中的八仙之一，乐善好施。

③ 【担上加根针，十里重三斤】比喻看似小问题，时间长了，也会成为沉重的负担。

④ 【宁可荤口念佛，不可素口骂人】佛家认为张口骂人比破戒吃荤罪孽更大。

三十三

分久必合，合久必分。

一刀两断，十指连心。

掏心掏肺，割头换颈。

心心念念，口口声声。

师傅领进门，修行在个人。

宁拆十座庙，不破一门亲。

牙疼不是病，疼来要人命。

前世做多过[①]，背后讲人经。

塞不满的磨眼[②]，填不满的人心。

几房头伙一个[③]，没拿你当外人。

大脚婆娘迈不了小步，歪嘴和尚念不出好经[④]。

疼得大眼个子[⑤]往下滚，气得头毛杪子[⑥]冒火星。

① 【前世做多过】迷信认为，人的前世做多了缺德事，今生会遭到报应。

② 【塞不满的磨眼】旧时石磨的上爿中间有一圆孔，俗称磨眼，粮食由此均匀地进入磨成面粉。

③ 【几房头伙一个】意谓家族的兄弟辈几个分支所共有的一个，如继承人。

④ 【大脚婆娘迈不了小步，歪嘴和尚念不出好经】前句意谓俗气的人很难表现出优雅；后句意谓观念错误，就不会有正确的行为。

⑤ 【大眼个子】即大滴的眼泪。

⑥ 【头毛杪子】即头发梢。杪，读作 miǎo。

三十四

汤汤水水，照见生魂[①]。

黑脸包公，白面书生。

满脸饿纹，胎里毛病[②]。

打在儿身，疼在娘心。

大路上讲话，草棵里有人。

人情让得马，买卖不饶针[③]。

晚娘打儿子，一顿是一顿。

是蛇一身冷，是狼一身腥。

打死人偿命，哄死人不偿命。

大气不敢出，夹紧尾巴做人。

公众堂屋无人扫，一叫一哼没动静[④]。

一日夫妻百日恩，百日夫妻似海深。

① 【照见生魂】形容稀饭或菜汤太稀，能照见人影。

② 【满脸饿纹，胎里毛病】形容人的病态。饿纹，指延伸到嘴角的脸部皱纹，迷信认为这是不能进食、将要饿死的征兆。

③ 【人情让得马，买卖不饶针】意谓在人际交往中要展现大度，在生意场上要斤斤计较。

④ 【公众堂屋无人扫，一叫一哼没动静】前句比喻集体利益无人关心；后句意谓你叫他，他哼一声，但不动身，如痴迷看书、工作，或玩手机、睡懒觉。

三十五

筛子头上[①],浮面一层。

锣鼓听声,听话听音。

接人下巴,顺人话滚[②]。

一把年纪,白字先生。

三伏天不热,有点闷人。

三九天不冷,有点哽人[③]。

赶鸭子上架,尽蜡烛念经[④]。

乱成一锅粥,脏得怕死人。

帮他讲媳妇,还要包他添孙子[⑤]。

为他抬轿子,还要保他头不晕。

只有不是的下辈,没有不是的上人[⑥]。

王八三十鳖三十,咸吃萝卜淡操心。

---

① 【筛子头上】比喻人群中优秀者。筛子筛米时,碎米漏下,留存在筛子头上都是完好饱满的米粒。

② 【接人下巴,顺人话滚】接人下巴,比喻重复别人的话或接着别人的话来说;顺人话滚,指顺着别人的话头往下说。

③ 【哽人】本指喉咙因阻塞而不能发声,引申为全身收缩或打冷哽。哽,读作gèng。

④ 【尽蜡烛念经】比喻工作随某种条件的自然消失而结束。

⑤ 【帮他讲媳妇,还要包他添孙子】比喻帮人做事,反被要求帮助到底,直至完成。通常用于反问,表示责任已尽,不再担责。

⑥ 【只有不是的下辈,没有不是的上人】意谓长辈永远是对的,这是一种无原则的忠孝观念。

三十六

红案白案[1],老亲新亲。

人过留名,雁过留声。

纠成一团,铁死老紧。

出馊滂气[2],打抱不平。

一席不放碗,撑死上下横。

一快三分假,好吃[3]囫囵吞。

日子唱着过,睡着都笑醒。

有鼻子有眼,没萝卜没缨[4]。

病倒床上无人问,死了棺材后头一大阵。

知二五不知一十,掰着脚拇趾头算不清。

没家贼引不来外方鬼,不生伢不知道肚子疼。

三榔头夯不出一闷屁,三声老讨不到一声哼[5]。

---

① 【红案白案】指厨房里两大工种,红案指以炉火为手段的菜肴烹制,白案指以米面为材料的糕团、面点制作。

② 【出馊滂气】指发泄内心不满。

③ 【好吃】以吃食为乐。好,读作 hào。

④ 【有鼻子有眼,没萝卜没缨】前句比喻把虚构的事物说得像真实的一样;后句比喻没有见到真实的事物,连音讯也没有。"缨"本指萝卜的叶片,此处谐音"音"。

⑤ 【三榔头夯不出一闷屁,三声老讨不到一声哼】前句比喻人在催逼之下也不吱声,寡言少语;后句意谓自己的敬意得不到对方的善意回应。

第八部　西韵

一

荷包蛋，豆腐皮。

五花肉，芦花鸡。

猪脑袋，牛脾气。

荡刀布，破蓑衣①。

清清亮亮②，客客气气。

一惊一乍，神经兮兮。

人在江湖，身不由己。

讲话找截③，做事麻利。

怕你不嫁你，嫁你不怕你。

黄鳝钻铁犁，不死脱层皮。

打油就看头一榨，出水才知两腿泥④。

好花开在院墙外，人生七十古来稀。

---

① 【荡刀布，破蓑衣】荡刀布，剃头匠用以荡去剃刀上污渍的长条布带，比喻衣物肮脏；破蓑衣，旧时农民雨天所披的雨具，用茅草或棕片连缀而成。

② 【清清亮亮】形容干净、整洁的样子。

③ 【找截】形容说话直爽。

④ 【打油就看头一榨，出水才知两腿泥】前句比喻开头的好坏往往决定事情成败；后句比喻事情发展到最后才能见出真相。

二

呆头鹅，翻毛鸡。

大家马，大家骑[①]。

不好过，哪怎地[②]。

千层底，百家衣[③]。

肩不能挑，手不能提。

个把两个，小东小西。

吃着碗里，望着锅里。

江山易改，本性难移。

唱了小倒戏，到老不成器[④]。

出力不讨好，斗米养斤鸡。

按下葫芦起来瓢，拔出萝卜带出泥[⑤]。

马上不知马下苦，饱汉不知饿汉饥。

---

① 【大家马，大家骑】比喻公众的东西应该让公众分享。

② 【不好过，哪怎地】不好过，指小病；哪怎地，问候对方哪里不舒服。

③ 【千层底，百家衣】千层底，指用许多层布重叠起来衲成的鞋底；百家衣，旧时民俗，婴儿出生，家长要向众邻亲友讨取零星碎布，缝成"百家衣"给小孩穿上，寓意小孩少病少灾，能得百家之福。

④ 【唱了小倒戏，到老不成器】旧时传统观念认为，唱小倒戏是下里巴人的玩意，为士大夫所不屑。小倒戏，即庐剧，又名"倒七戏"，合肥地方戏曲，2006 年列入首批"国家级非物质文化遗产"名录。

⑤ 【按下葫芦起来瓢，拔出萝卜带出泥】前句比喻做事顾了这头就顾不了那头；后句比喻处理了一件事情，与之相关联的问题也同时暴露出来。

三

猫叹气,狗不理[①]。

马蹄鳖,乌骨鸡。

惹不起,躲得起。

拍马屁,吹牛皮。

妯娌姑嫂,郎舅两姨。

酒肉朋友,柴米夫妻。

赵钱孙李,各人所喜[②]。

人怕伤心,树怕剥皮。

公说公有理,婆说婆有理。

蚂蟥遇见血,老鹰抓小鸡[③]。

一个人睡觉喊挤,叫花子不嫌粥稀[④]。

条条大路通罗马,二四八月乱穿衣。

---

① 【猫叹气,狗不理】猫叹气,一种吊在房梁上装食物的竹器,腹大口小,猫难以偷吃到,故名;狗不理,一道由面粉、猪肉等材料制作而成的包子,是北方著名的特色小吃。

② 【赵钱孙李,各人所喜】指各有各的爱好。“赵钱孙李”本是《百家姓》的首句,此处指代不同的对象。

③ 【蚂蟥遇见血,老鹰抓小鸡】前句歇后语是“求之不得”;后句歇后语是“不费事”。

④ 【一个人睡觉喊挤,叫花子不嫌粥稀】前句形容对宽松环境仍感到不满足,有怨言;后句比喻人要有自知之明,不挑剔别人的赠予。

四

交杯酒，拜天地。

朋友妻，不可欺。

老皇历，上年纪。

七大姑，八大姨。

攒一身水，糊两腿泥。

经一道手，剥一层皮。

吃灯草灰，放轻巧屁[1]。

官小不做，马瘦不骑。

钱板到水里，肉烂在锅里[2]。

真人不露相，人心隔肚皮。

好男不吃分家饭，好女不穿嫁时衣。

羊肉当作狗肉卖，死马当作活马医。

---

① 【吃灯草灰，放轻巧屁】讽刺人说话太随意，不负责任。

② 【钱板到水里，肉烂在锅里】前句指花了钱没有取得任何效果；后句比喻好处在内部分享，没有外流。板，即扔，甩。

五

扣帽子[1]，揭老底。

闷头驴，铁公鸡。

不作声，不作气。

槽头肉[2]，肚末脐。

一天到晚，日更昼夜。

怀身挎肚[3]，露水夫妻。

人嘴两张皮，怎说怎有理。

见人下菜碟，狗眼看人低。

宁把儿子过继，莫让儿子唱戏。

吃素碰到月大，冬至不过年里[4]。

跟着木匠会拉锯，跟着砌匠会和泥。

我不嫌你米粒碎，你不嫌我罗筛稀[5]。

---

① 【扣帽子】比喻给人安上罪名。

② 【槽头肉】猪颈部松软的肉。

③ 【怀身挎肚】形容妇女怀孕，行动不便。

④ 【吃素碰到月大，冬至不过年里】前句形容事不凑巧，不如意事连在一起；后句比喻事情必须在最后期限前完成。

⑤ 【我不嫌你米粒碎，你不嫌我罗筛稀】比喻双方互不嫌弃，互相包容对方的缺点。

六

天煞黑，挨晚些[①]。

事凑巧，人晓易[②]。

狐狸精，美人计。

放狗屁，耍嘴皮。

晚上不睡，早上不起。

先人托梦，小命归西。

和尚不说鬼，篮里没有米。

病来有方治，人懒无药医。

生意不如手艺，手艺不如种地[③]。

栽花不如种柳，养鸟不如喂鸡[④]。

十根指头有长短，荷花出水有高低。

浪子回头金不换，凤凰落毛不如鸡。

---

① 【挨晚些】傍晚时分。

② 【晓易】形容人知书识礼，谦逊随和。

③ 【生意不如手艺，手艺不如种地】这是小农经济时代重农轻工商的思想观念。

④ 【栽花不如种柳，养鸟不如喂鸡】意谓种柳、喂鸡比栽花、养鸟实惠。

七

揩屁股，磨嘴皮[①]。

没出息，不上提。

吊胃口，认死理。

打圆场，和稀泥。

慢似蜒蚰，踩死蚂蚁。

当面教子，背后教妻[②]。

看鸡全靠米，干亲全靠礼。

便宜没好货，好货不便宜。

上大人孔乙己，说别人想自己。

勉强不成买卖，逼迫不成夫妻。

忘了自己姓什么，冲你以为是颂你[③]。

开弓没有回头箭，打锣要打铜锣脐。

---

① 【揩屁股，磨嘴皮】揩屁股，比喻替别人做难以处理的收尾工作（多指烂摊子）；磨嘴皮，指讨论、劝说或毫无意义地争论。

② 【当面教子，背后教妻】这是旧时男权家庭教育方式，即在大庭广众之下教育孩子，让他有羞耻心；教育妻子应该在背地里劝说，照顾妻子的自尊心。

③ 【忘了自己姓什么，冲你以为是颂你】反讽对方忘乎所以，把别人的批评当成赞美。

八

解放鞋，卫生衣。

黑木耳，地踏皮[①]。

吵瞌睡，揭锅气[②]。

捣蒜泥，熬糖稀。

火上正屋[③]，惊动不起。

穷争饿吵，不得消坯[④]。

程咬金吃麻花，尽讲扭扭理[⑤]。

丈母娘看女婿，越看越欢喜。

钢用在刀口上，钱出在布眼里。

打丫环耻小姐，又好笑又好气。

不晓得屎香屁臭，分不清公獐母麂[⑥]。

论吃还是家常饭，论穿还是粗布衣。

---

① 【地踏皮】一种夏季雨后生长于草丛中的菌类，又叫“地衣”。

② 【吵瞌睡，揭锅气】吵瞌睡，指幼儿在睡前的哭闹；揭锅气，指小孩在吃饭之前常常表现出的厌恶情绪。

③ 【火上正屋】比喻人正在火头上。

④ 【不得消坯】指小孩哭闹厉害，难以停歇，也指棘手的问题难以解决。坯，读作 pī。

⑤ 【扭扭理】即歪理。扭，江淮方言读作 zhǒu。

⑥ 【分不清公獐母麂】意谓难以分辨事情的是非真伪。獐与麂都属鹿科动物，形态相似。麂，读作 jǐ。

九

人情债，见面礼。

家不和，被人欺。

你有情，我有义。

齐不齐，一把泥。

搓反劲绳[①]，唱对台戏。

受夹板气，逮晕头鸡[②]。

大街上打人，茅厕里赔礼[③]。

马善被人骑，人善被人欺。

好事不出门，坏事传千里。

盲人骑瞎马，病急乱投医。

手捧豆腐放不下[④]，打破砂锅问到底。

酒不醉人人自醉，花不迷人人自迷。

---

① 【搓反劲绳】比喻与他人对着干的不团结行为。

② 【受夹板气，逮晕头鸡】受夹板气，比喻在中间受气，两头不讨好；逮晕头鸡，比喻趁人头脑不清时占人家便宜。

③ 【大街上打人，茅厕里赔礼】比喻犯了众所周知的错误，却想在私下了结。厕，读作 sì。

④ 【手捧豆腐放不下】比喻手头有些琐事，难以搁置。

十

板奶奶，老干爷[①]。

打下手，耍赖皮。

惹不起，躲得起。

一掌平，一扎齐。

心抹直直，照派喜喜[②]。

针头线脑，鸡毛蒜皮。

无非不无非，业已就业已[③]。

一心归门里，两手不沾泥。

木匠叉子谨记，先生叉子狗屁[④]。

做好事做到头，帮人忙帮到底。

越是公婆不欢喜，越在公婆跟前放臭屁。

狗头难顶四两油[⑤]，叫花子养不了隔冬鸡。

---

① 【板奶奶，老干爷】板奶奶，是江淮部分地区对别人妻子的他称；老干爷，即干爸。干爷，江淮方言读作 gān yi。

② 【心抹直直，照派喜喜】心抹直直，形容事情办得符合心意；照派喜喜，即正儿八经地。

③ 【业已就业已】意谓事已至此(多指不好的结果)，就任凭其发展。

④ 【木匠叉子谨记，先生叉子狗屁】意谓木匠在弹好的墨线上画"×"是有用的记号，教师在学生作业上画"×"是作业错误的记号。

⑤ 【狗头难顶四两油】比喻某些人一旦得势便猖狂，见利忘义。也比喻得到一点荣誉或夸奖，便忘乎所以。

十一

软壳蛋，麻头皮①。

桠槎肉②，笄公鸡。

和尚稻，粱子米③。

马齿苋，狗头梨。

虎头虎脑，奶声奶气。

厚着老脸，硬着头皮。

不怕贼偷，就怕贼惦记。

偷鸡不成，反折一把米。

女儿哭真心真意，媳妇哭表表心意。

儿子哭感天动地，女婿哭驴子放屁④。

斑鸠嫌树斑鸠起，树嫌斑鸠也是斑鸠起⑤。

外面捉个小麻雀，家里丢只生蛋老母鸡。

---

① 【软壳蛋，麻头皮】软壳蛋，比喻软弱无能的人；麻头皮，即头皮发麻，形容遇到棘手的问题。

② 【桠槎肉】乡间迎亲时，将一刀四斤左右的猪肉从一端的中间割开，另一端相连，到女方家时各扯一半，寓意从此两家亲连亲。

③ 【和尚稻，粱子米】和尚稻，指没有芒的稻粒；粱子米，即只去掉稻壳的糙米。

④ 【女儿哭真心真意……女婿哭驴子放屁】表示老人去世时，有无血缘关系的下辈哭丧时的不同心态和众生相。

⑤ 【斑鸠嫌树斑鸠起，树嫌斑鸠也是斑鸠起】比喻无论有理无理，从属者永远处于受支配地位，没有话语权。

十二

男不露脐,女不露皮。

骑马找马[①],说东忘西。

四十开外,五十好几。

知根知底,老夫老妻。

苍蝇叮狗屎,见人蓬蓬起[②]。

想吃泥鳅肉,别怕脸糊泥。

去年吃冬瓜,今年放冷屁[③]。

枣子吃下肚,核子在心里[④]。

脚踩西瓜皮,滑倒哪里是哪里。

满堂儿和女,抵不得半路夫妻。

上对下真心实意,下对上渺渺人意[⑤]。

抓见骨头还嫌痒[⑥],不死也要脱层皮。

① 【骑马找马】比喻东西就在自己身边,还到处去找。

② 【苍蝇叮狗屎,见人蓬蓬起】比喻坏人臭味相投,与好人难以融合。

③ 【去年吃冬瓜,今年放冷屁】比喻把陈年往事又拿出来叙说。

④ 【枣子吃下肚,核子在心里】比喻虽然表面接受,但内心仍存芥蒂。核,江淮方言读作 hú。

⑤ 【下对上渺渺人意】指下人对上人只作些表面文章,敷衍一下社会观感。

⑥ 【抓见骨头还嫌痒】比喻对对方做出打击的极端举动,仍嫌不解恨。

第九部　知韵

一

杨柳腰，兰花指。

黄隆隆，青丝丝。

猫不是，狗不是①。

此一时，彼一时。

张三李四，恭而敬之。

洋腔广调，笑迷搭痴②。

大人做大事，大笔写大字。

光棍指一指，眼子跑个死③。

黄泥巴掉进裤裆里，不是屎也是屎④。

乌龟身上七个字，只吃别人不吃自。

小腿肚子朝门外⑤，一问摇头三不知。

---

① 【猫不是，狗不是】比喻对所有的人或事都不满。

② 【笑迷搭痴】形容对批评、指责以痴笑应对。

③ 【光棍指一指，眼子跑个死】形容愚笨的人被聪明人捉弄。光棍，指聪明人；眼子，指愚笨的人。

④ 【黄泥巴掉进裤裆里，不是屎也是屎】比喻在特定的环境中，假象掩盖了真相，难以辨清。

⑤ 【小腿肚子朝门外】指后辈小生，乡间宴席坐下方多为年轻的晚辈。

二

七个三，八个四[①]。

大约摸，三末之[②]。

胡差事，猫盖屎。

乍不乍，时不时。

头上长角，身上长刺。

聪明一世，糊涂一时。

一锤子买卖，一棍子打死。

病来如山倒，病去如抽丝。

钉死棺材盖，捅破窗户纸。

中看不中用，宜早不宜迟。

撂棍子打不到人，夹一堆过二十四[③]。

久病床前无孝子，情人眼里出西施。

① 【七个三，八个四】指说话啰嗦，无休无止。"四"谐音"事"。

② 【三末之】指不时地，不经常地。

③ 【撂棍子打不到人，夹一堆过二十四】前句形容原本人多热闹的地方，现在很少有人来；后句指被某个群体接纳而享得好处。江淮部分地区以腊月二十四为小年，到这一天在外打工者都该结束劳务，回家过小年，若有因特殊原因不能回家者，便可与主人家一起过小年。撂，读作 liào。

三

四十四，眼长刺。

没大相[①]，不走时。

讲不彻，把手指[②]。

镶金牙，把嘴龇。

上床夫妻，下床君子[③]。

同喜同喜，意思意思。

不住太平庵，要住结疤寺[④]。

早知灯是火，饭熟已多时[⑤]。

听三不听四，要你剁柴你剁刺。

梦梦做皇上，快活一时是一时。

地理先生指一指，土工师傅累到死[⑥]。

兔子不吃窝边草，老虎也有打盹时。

---

① 【没大相】指没有多大希望。

② 【讲不彻，把手指】形容非常急切的样子。不彻，来不及。

③ 【上床夫妻，下床君子】旧时家庭伦理要求夫妻晚上同床共枕，白天相敬如宾，遵守一定的行为规范。

④ 【不住太平庵，要住结疤寺】意谓好地方不住，偏要住条件简陋的地方，形容人固执。

⑤ 【早知灯是火，饭熟已多时】本指禅宗修行的方法，后比喻做事不可执着于一念，要善于变通。

⑥ 【地理先生指一指，土工师傅累到死】意谓劳心者与劳力者差异巨大，劳逸不均。旧时民间进行建筑、丧葬等土木施工前，要请地理先生看风水，然后由土、木工师傅施工。

四

多栽花，少栽刺。

猫一时，狗一时[①]。

吃家饭，屙野屎[②]。

抱大腿，攀高枝。

坐也不是，站也不是。

木鱼脑袋，孬不痴痴。

玩得活了水，像得不走志[③]。

一推六二五[④]，一问三不知。

天上掉下跌死，地下冒出踩死[⑤]。

八竿子打不着，一竿子通到底。

不见棺材不掉泪，不到黄河心不死。

好汉不提当年勇，青灰还有发热时[⑥]。

---

① 【猫一时，狗一时】比喻性情变化无常，时好时坏。

② 【吃家饭，屙野屎】比喻吃里扒外。旧时农家肥是农业丰收的重要条件，因此人们十分重视。

③ 【不走志】指与原物完全相合。志，标志。

④ 【一推六二五】指装糊涂把责任推得干干净净。该句原是新旧秤制珠算斤两法口诀"一退六二五"，俗语以"退"谐音"推"。

⑤ 【天上掉下跌死，地下冒出踩死】意谓无论以什么方式出现，都不会有好结果。

⑥ 【青灰还有发热时】比喻虽然处在低谷，终将有东山再起的机会。青灰，即草木灰。

五

锅铁脸，朱砂痣。

头不抬，眼不眦[①]。

尕尕肉，舅舅屎[②]。

干爽爽[③]，潮滋滋。

塞牙齿缝，翻陈狗屎[④]。

点水滴冻，滑驰滑驰[⑤]。

好事不背人，背人没好事。

害人先害己，杀猪杀出屎。

家里土地里虎[⑥]，眼中钉肉中刺。

姐姐长姐姐短，呆不呆痴不痴。

当面是人背后是鬼，不经一事不长一智。

冬瓜有毛瓠子有刺，没大没小随而便之。

---

① 【眦】即看，江淮方言读作 cī。

② 【尕尕肉，舅舅屎】尕尕肉，幼儿语指肉食；舅舅屎，婴儿头顶上结的一层乳痂。

③ 【干爽爽】形容物品晾干，不潮湿。爽，江淮方言读作 sǎng。

④ 【塞牙齿缝，翻陈狗屎】塞牙齿缝，指食物很少，根本不够吃；翻陈狗屎，指将过去的恩怨瓜葛又重新翻检出来。

⑤ 【滑驰滑驰】形容地面很滑的样子。

⑥ 【家里土地里虎】意谓居家的墙土、锅台土等施到地里，很有肥力。

六

感人情，赔不是[①]。

酱里蛆，酱里死。

照命断，发毒誓[②]。

孬胀饭，活挺尸[③]。

隔一层纸，拓几个字[④]。

干急无汗，一片二斯[⑤]。

七事八事，和尚道士[⑥]。

戳捣戳捣，肉嗤肉嗤[⑦]。

扶竹竿扶上天，扶大肠扶出屎。

肥田里出瘪稻，粪堆上长灵芝。

牛有几个四六齿，人有几个二十几[⑧]？

堂前椅子轮流坐，媳妇终有做婆时。

---

① 【感人情，赔不是】感人情，指用回赠、宴请等方式对对方给予自己的帮助或赠予表示感谢；赔不是，指因自己或自家人的过错向对方认错、道歉。

② 【照命断，发毒誓】照命断，是迷信中的算命方式，即按照人的流年判断当年的吉凶祸福，也指命运怎样就怎么推断；发毒誓，发出狠毒的誓言。

③ 【孬胀饭，活挺尸】孬胀饭，指吃过量的饭；活挺尸，对睡懒觉的詈词。

④ 【拓几个字】即随意地写几个字。拓，读作 tà，入声。

⑤ 【干急无汗，一片二斯】干急无汗，形容人假装着急；一片二斯，形容物品摆放得杂乱。

⑥ 【七事八事，和尚道士】意谓表面看上去事情很多，其实并没有什么事，“士”谐音“事”。

⑦ 【肉嗤肉嗤】形容动作笨拙、迟缓。

⑧ 【牛有几个四六齿，人有几个二十几】感叹人的青春期很短暂。牛在 2～4 岁时乳齿依次脱落，依次长出恒齿(四牙、六牙)。

第十部　由韵

一

热辣辣，酸溜溜。

蹦蹦脆，面兜兜[①]。

吃闲饭，喝闷酒。

抠屁眼，嗍指头[②]。

衣来伸手，饭来张口。

毛头小伙，黄毛丫头。

宁吃笑脸粥，不吃垮脸肉[③]。

在人屋檐下，哪能不低头。

吃饭三扒两口，屙屎蹲倒就走[④]。

瞎子不怕天黑，丑话说在前头。

三年烂饭砌高楼，三年稀粥买条牛[⑤]。

石磙压不住舌头，筷子能抵住舌头[⑥]。

① 【面兜兜】形容食物纤维少而柔软。

② 【抠屁眼，嗍指头】形容十分吝啬。嗍，吮吸，读作 suō。

③ 【宁吃笑脸粥，不吃垮脸肉】意谓友善而清贫的生活远胜于冷漠的施舍。垮脸，指拉下脸，不和善的脸色。

④ 【吃饭三扒两口，屙屎蹲倒就走】形容做事急急忙忙、冒冒失失的样子。

⑤ 【三年烂饭砌高楼，三年稀粥买条牛】意谓烂饭、稀粥都能节省一些粮食，日积月累，就能办大事。

⑥ 【石磙压不住舌头，筷子能抵住舌头】意谓宴请比其他方式更容易让对方封口或默许。

二

眨巴眼,和尚头。

屎巴肚,屁丫沟。

吃不了,兜着走。

哪里讲,哪里丢。

聋巴实耳,结舌溜勾[①]。

乌龟爪子,黑不溜秋。

无可无不可,移趟不移趟[②]。

倚仗草鞋鼻,踢破脚趾头[③]。

上到九十九,下到才会走。

一摸不挡手,讲得一直钩[④]。

伤食就多那一口,伤人就是那一手。

人人都有三六九[⑤],夜夜都有五更头。

---

① 【聋不实耳,结舌溜勾】聋巴实耳,指聋子听话不真切,容易发生误会;结舌溜勾,指结巴说话不利索。

② 【移趟不移趟】形容因内心不情愿而动作缓慢。趟,向前凑近,读作 qiù。

③ 【倚仗草鞋鼻,踢破脚趾头】比喻倚仗不可靠的东西,只会使自己吃亏。旧时的草鞋前端有个像象鼻一样的编织绳带,连接四周的草鞋耳,但无法保护脚趾头。

④ 【一直钩】比喻非常熟练,没有障碍。

⑤ 【人人都有三六九】意谓每个人都会有好的时运。三六九,旧时指好日子。

三

热燥燥，凉悠悠。

风浩浩，冷秋秋[①]。

一日三，三日九[②]。

倒胃口，横点头。

毛手毛脚，半推半就。

看这山势[③]，瞧那苗头。

人往高处走，水往低处流。

曹操有相好，关公有对头[④]。

大荤不过鱼肉，至亲不过郎舅。

不图一时拍手，只求来日点头[⑤]。

嫁鸡随鸡，嫁狗随狗，嫁个猴子满山走。

种瓜得瓜，种豆得豆，种个葫芦头对头。

---

① 【冷秋秋】指感到有点冷。

② 【一日三，三日九】意谓某种习惯是逐日积累，长时间形成的，多用于贬义。“九”谐音“久”。

③ 【山势】指事物发展的趋势，趋向。

④ 【曹操有相好，关公有对头】意谓坏人也有知心朋友，好人也会有仇敌。

⑤ 【不图一时拍手，只求来日点头】意谓会心的理解胜过应景的赞同。

四

圆滚滚，团纠纠①。

清爽爽，光溜溜。

赌毒咒，夸海口。

赶热哄，充大头。

虱多不痒，债多不愁。

只顾烧香，忘了磕头②。

喝甩手喜酒③，翻空心跟头。

跩得像八万，笑得打纥纠④。

鱼挂得瘟臭，猫想得精瘦⑤。

十年九不遇，十步九回头。

下颏往上颏一逗⑥，双拳敌不过四手。

秀才提笔也忘字，牛不喝水强按头⑦。

---

① 【团纠纠】形容像圆球形的样子。

② 【只顾烧香，忘了磕头】比喻只做了次要事情，却忘记了主要的事情。

③ 【喝甩手喜酒】指参加无需给应酬红包的喜宴，如订婚宴。

④ 【跩得像八万，笑得打纥纠】前句谓自以为有钱有势而摆架子；后句形容笑得气塞的样子。八万，麻将名词；纥纠，指纱线等绳状物缠绕或扭成疙瘩，此指笑时因不宜发声而气滞。纥，读作 gē。

⑤ 【鱼挂得瘟臭，猫想得精瘦】比喻碍于某种规则，供需双方的愿望不能实现，且都有损耗。

⑥ 【下颏往上颏一逗】比喻说得容易，做起来难。

⑦ 【牛不喝水强按头】比喻用强迫手段使对方就范。

五

光秃秃，尖溜溜。

活蹦蹦，劲抽抽①。

面对面，手把手②。

折死人，雷打头③。

人跟势走，狗跟屁走。

交桃花运，约老熟头④。

大病三六九，小病天天有。

好事花大姐，坏事秃丫头。

满脑子幺二三，一肚子小九九⑤。

心坦坦凉悠悠，心有鬼打榔头⑥。

回炉饼子不酥脆，叫唤雀子不长肉⑦。

聋子耳朵做摆设，瞎子打架凭堆头。

---

① 【劲抽抽】形容精神抖擞、强劲有力的样子。

② 【手把手】形容非常耐心、详细的指导。

③ 【折死人，雷打头】折死人，旧指上对下、老对少用敬辞、行敬礼等，晚辈客套回以将被“折杀”；雷打头，警告小孩浪费粮食或做有违社会公德之事，会遭到老天爷惩罚，也表示有劳于长辈的客套用语。两者用作谦辞。

④ 【老熟头】即老朋友。

⑤ 【满脑子幺二三，一肚子小九九】指人点子多，精于算计。

⑥ 【心坦坦凉悠悠，心有鬼打榔头】形容无杂念便心情舒畅，一旦心中暗藏不可告人的秘密和目的，就会惶恐不安。

⑦ 【回炉饼子不酥脆，叫唤雀子不长肉】前句比喻重复过去已做过的事情，效果大不如前；后句比喻话多的人得不到好处。

六

乌龟壳,王八头[①]。

打屁股,踢皮球[②]。

挂羊头,卖狗肉。

吃鸭蛋,剃光头[③]。

二话不说,就此收手[④]。

汤汤厉害,尝尝甜头。

歪到二隔壁,散巴无拢兜[⑤]。

贪多嚼不烂,精神[⑥]过了头。

母鸡不点头,公鸡不敢往上猴[⑦]。

竹篮装泥鳅,走的走来溜的溜。

热脸蹭人冷屁股,一家有女百家求。

抬头不见低头见,不是冤家不聚头。

---

① 【乌龟壳,王八头】乌龟壳,喻指旧时堡垒或坦克;王八头,喻指受到欺侮不自知或不反抗的人。

② 【打屁股,踢皮球】打屁股,指因犯错误而受到惩处;踢皮球;比喻对事情相互推诿而不愿担责。

③ 【吃鸭蛋,剃光头】吃鸭蛋,对在考试或竞赛中得零分的调侃说法;剃光头,比喻一个团体在考试或竞赛中无一人合格或被录取。

④ 【就此收手】即就此打住。

⑤ 【歪到二隔壁,散巴无拢兜】前句形容很偏斜,后句形容很散乱。

⑥ 【精神】即精明。

⑦ 【猴】像猴似的蹲着或向上爬,作动词。

七

死疙瘩，活络头[①]。

头难剃，家伙收[②]。

屎没屙，就唤狗。

真得味，活逗猴[③]。

一争两丑，一让两有。

百讲百对，生死对头。

生姜对烧酒，辣手对辣手。

刷头一巴掌，搂胸一拳头。

投师不如访友，访友不如交手。

你不笑我驼背，我不讲你腰佝[④]。

花对花，柳对柳，破粪箕对烂扫帚。

紧提酒，慢打油，尺子松松秤抬头[⑤]。

---

① 【死疙瘩，活络头】指线或绳系成的活结和死结。活络头又比喻话语的模棱两可。

② 【头难剃，家伙收】头难剃，形容对方常常刁难人，不好对付；家伙收，即收家伙，指事情完结。

③ 【活逗猴】比喻某种做法简直是拿人开玩笑。

④ 【你不笑我驼背，我不讲你腰佝】比喻两人达成默契，互不揭发对方的短处。佝，读作 gōu。

⑤ 【紧提酒，慢打油，尺子松松秤抬头】指旧时店铺经商技巧，如何才能不让自己亏本又不让顾客挑出毛病：酒为水质，故打酒要快；油为黏液，故打油要慢；量布时尺子松点，称秤时秤杆要稍微抬起。

八

蛇蚤脸，粑粑头[①]。

胸门口，脊梁沟。

高不成，低不就。

失家教，不入流。

事在人为，路在人走。

撞个整数，去掉零头。

不图锅巴吃，不在锅边趟[②]。

破柴破小头，问人问老头。

经了漆匠的手，遮了木匠的丑[③]。

前脚走后脚到，黄汗淌黑汗流。

话说三遍作屎臭，是非只为多开口。

不会做媒两头骂，会做媒人骂两头。

---

① 【蛇蚤脸，粑粑头】蛇蚤脸，本指脸盘很小，也比喻人微言轻，没面子；粑粑头，指妇女在脑后梳圆髻的发式。蛇蚤，读作 gē zāo。

② 【趟】转悠，读作 qiù。

③ 【经了漆匠的手，遮了木匠的丑】意谓木匠制作过程中的不足处，要由漆匠通过研磨、泥缝、刮灰等工序加以弥补、粉饰。

九

玩把戏，打悠秋[①]。

少说话，多磕头[②]。

没学爬，就学走。

下三滥，没谈头。

编箩编篓，难在收口。

人气不旺，冷淡疲秋[③]。

香不过猪肉，亲不过郎舅。

家贫勤扫地，人贫勤梳头。

冷粥冷饭难吃，冷言冷语难受。

喝江水讲海话[④]，装门面吹大牛。

能缩头时且缩头，该出手时就出手。

八抬大轿请不去，哭的日子在后头。

① 【玩把戏，打悠秋】玩把戏，即玩杂技；打悠秋，即荡秋千。

② 【少说话，多磕头】指旧时官场为官之道：不多说话，避免语多出错；收敛锋芒，磨平棱角，给人老成、持重、谦恭的印象。

③ 【冷淡疲秋】形容环境冷清，不热闹。

④ 【喝江水讲海话】形容说话浮夸，不着边际。

十

睁眼秋，闭眼秋[1]。

麻子眼[2]，五更头。

耍阴招，折阳寿。

一不做，二不休。

日晒夜露，点灯熬油。

三下两下，三天两头。

石头缝里土，骨头缝里肉[3]。

鼻子碍住脸，屁股大似头[4]。

只见鱼喝水，不见腮边漏[5]。

家有千斤油，不点双灯头。

公塘漏，公马瘦，公养上人两头趟[6]。

油里滑，滑里油，掉进油缸不沾油[7]。

① 【睁眼秋，闭眼秋】指立秋时间的早晚，白天立秋叫“睁眼秋”，夜晚立秋叫“闭眼秋”。

② 【麻子眼】指凌晨和傍晚时分，此时天色较暗，视物模糊。

③ 【石头缝里土，骨头缝里肉】指难以获得的精华。

④ 【鼻子碍住脸，屁股大似头】前句比喻事情虽小，但碍于情面，难以回避；后句比喻因某种原因，一般的事也要当作极重要的事对待，不能怠慢。

⑤ 【只见鱼喝水，不见腮边漏】比喻收入人人可见，支出却不为人知。

⑥ 【公养上人两头趟】指老人在子女家不能固定养老的窘境。趟，向前凑近，转悠，读作 qiù。

⑦ 【掉进油缸不沾油】形容人敷衍塞责、刁钻滑头。

十一

送茶礼，看门头[①]。

金灿灿，红丢丢[②]。

和事佬，随大流。

有下数，论堆头。

裤子枕头，百事不愁[③]。

人财不要，自财不丢。

没人抻头，有毫扭手[④]。

呱嗒着脸，耷拉着头[⑤]。

吃肉不长肉，搭掉四两肉[⑥]。

牛角沾香油，又尖又滑头。

庄稼要靠烟熏土[⑦]，生意要靠钱凑手。

卖油娘子水梳头，卖肉娘子啃骨头。

---

① 【看门头】指旧时女孩经媒人介绍，在亲友的陪伴下，首次到男方家考察生活环境和条件。

② 【红丢丢】形容红色鲜艳。

③ 【裤子枕头，百事不愁】这是对清贫生活的调侃说法。

④ 【没人抻头，有毫扭手】没人抻头，指没有人出面承担责任；有毫扭手，指不听使唤，难以相处。抻、扭，江淮方言分别读作 chēn、zhǒu。

⑤ 【呱嗒着脸，耷拉着头】形容人因不满意而脸色难看，精神萎靡不振。耷，读作 dā。

⑥ 【吃肉不长肉，搭掉四两肉】比喻享有优质资源，不仅没有进步，反而退步。

⑦ 【庄稼要靠烟熏土】意谓土经过烟熏（如火粪、锅灶土等）后，可以增加肥力。

十二

大老好，老实头。

问人借，靠天收。

退一步，留一手。

摸不准，瞎胡诌。

秀才做田，锹不如手。

大路不平，旁人铲修[①]。

干榆加湿柳，木匠躲着走。

急得如跑反，慢得像蜒蚰[②]。

遣将不如激将，添粮不如减口[③]。

头肿得像笆斗，脚浮得像榔头。

半夜说着五更走，天亮还在大门口。

公鸡屙屎头截硬，眼睛生在额角头[④]。

① 【大路不平，旁人铲修】比喻世间有不公平的事，自然有人出来伸张正义。

② 【急得如跑反，慢得像蜒蚰】形容快慢的两种状态。跑反，旧时为躲避兵乱或匪患而逃往别处；蜒蚰，即蛞蝓，像没有壳的蜗牛，爬行缓慢，读作 yán yóu。

③ 【遣将不如激将，添粮不如减口】前句意谓正面请求没有激将法的效果来得好；后句指解决问题要从根本入手。

④ 【公鸡屙屎头截硬，眼睛生在额角头】前句是歇后语，比喻开始很强硬，后来又松软了；后句形容目空一切，瞧不起人。

十三

半瓶醋，万金油[①]。

三只手，二青头[②]。

黑吃黑[③]，狗咬狗。

程咬金，三斧头。

喝一生酒，丢一生丑。

吃一生烟，烫一生手。

一男半女，至亲骨肉。

宝贝疙瘩，老汉丫头[④]。

鼻尖上抹蜜，脚底下搽油[⑤]。

乌龟吃大麦[⑥]，蚂蚁啃骨头。

胜败是兵家常事，夫妻无隔夜之仇。

一把捉不见头尾，一张嘴就见咽喉[⑦]。

---

① 【半瓶醋，万金油】半瓶醋，比喻对某种知识或技术懂得不多却喜欢炫耀的人；万金油，比喻什么都不精通，但什么都懂一点或应付一下的人。

② 【三只手，二青头】三只手，指小偷；二青头，指没有理性而鲁莽的人。

③ 【黑吃黑】指非法活动中的一方用威胁、武力等强制手段来欺压另一方。

④ 【老汉丫头】指父母膝下众多儿女中最小的女儿。

⑤ 【鼻尖上抹蜜，脚底下搽油】前句歇后语是“看到吃不到”；后句歇后语是“溜之大吉”。

⑥ 【乌龟吃大麦】歇后语是“糟蹋粮食”。

⑦ 【一把捉不见头尾，一张嘴就见咽喉】前句极言形体瘦小；后句意谓对方一张口，就知道他要说什么，表示十分了解对方心思。

十四

找茬子，起戗头[①]。

唱水戏，卖麻油[②]。

伙田漏，伙牛瘦。

大锅饭，抬石头[③]。

牵着不长，放着不就[④]。

三日不了，四日不休。

老牛吃嫩草，狮子滚绣球。

顾前不顾后，两头就一头[⑤]。

是骡子是马，拉出来遛遛。

藕断丝不断，一心挂两头。

含着骨头露着肉[⑥]，敬酒不吃吃罚酒。

儿孙自有儿孙福，莫为儿孙做马牛。

---

① 【起戗头】指故意与对方发生矛盾、冲突。戗，读作 qiàng。

② 【唱水戏，卖麻油】两短语都是对小孩哭泣的调笑说法。

③ 【抬石头】指凑钱吃饭，分摊饭费。

④ 【牵着不长，放着不就】形容用激励或批评都不能使其改变的懒散状态。牵，用力拉；就，缩回。

⑤ 【两头就一头】指在两者不能兼顾的情况下，集中精力完成其中一项。就，迁就。

⑥ 【含着骨头露着肉】比喻说话半吞半吐，不把意思完全说出来。

十五

脚一跺，眼一猴[①]。

发忽肚[②]，栽跟头。

年夜饭，往年酒[③]。

烧高香，磕响头。

打磨磨旋，唱丫丫游[④]。

讨狗肉账，没点子抠[⑤]。

大吵三六九，小吵天天有。

姑娘嫌嫂丑，空做恶人头[⑥]。

男人不离韭，女人不离藕[⑦]。

酒醉风流汉，饭胀死木头。

人心都是肉长的，打一巴掌揉三揉[⑧]。

站在河边望大水，生怕树叶打破头。

---

① 【眼一猴】形容瞪着眼睛。

② 【忽肚】即“糊涂”之音转。

③ 【往年酒】春节期间，亲友相互请吃年酒。

④ 【打磨磨旋，唱丫丫游】打磨磨旋，一种在原地打转、使人头发晕的游戏，比喻事情没有进展；唱丫丫游，指把某事视同儿戏。

⑤ 【讨狗肉账，没点子抠】讨狗肉账，指讨要长时间无法全部收回的欠债；没点子抠，形容毫无办法。

⑥ 【姑娘嫌嫂丑，空做恶人头】比喻多管闲事，惹得他人忌恨。

⑦ 【男人不离韭，女人不离藕】中医认为，韭菜补虚益阳，男人宜多吃；莲藕养胃滋阴益血，女人宜多吃。

⑧ 【打一巴掌揉三揉】兼有心疼不忍、软硬兼施、虚情假意等意思。

十六

骨头榫，槽头肉[①]。

王八蛋，下九流。

过小猪，解大手[②]。

出纰漏，找由头。

粥捞厚的，烟吃趥的[③]。

人呵有的，狗咬丑的。

板凳看榫头，打铁看火候。

十年磨一剑，趁火接犁头[④]。

精神过了格[⑤]，糍粑粘了手。

做人做到头，杀猪杀到喉。

光棍只打九十九，该应商家不绝后[⑥]。

小鸡喝水头朝上，老牛喝水不抬头。

---

① 【骨头榫，槽头肉】骨头榫，骨关节的连接处；槽头肉，指猪颈口处的肉，松软无弹性，肉质不佳。

② 【过小猪，解大手】过小猪，即母猪生产，谑指因醉酒而呕吐；解大手，俗指解大便。

③ 【粥捞厚的，烟吃趥的】两句形容某人好占小便宜。厚，浓稠；趥，靠近而想得到，此句指自己不带烟、不散烟，而专抽别人的香烟，读作 qiū。

④ 【趁火接犁头】比喻趁着有利的机会完成难办的事。

⑤ 【精神过了格】指小聪明耍过了头。

⑥ 【光棍只打九十九，该应商家不绝后】前句意谓有能力的人做事留有余地；后句意谓事情快绝望时，又因某种机缘而有了希望。商家，指庐剧《秦雪梅》中的商林家族。书生商林被迫离开秦雪梅，因思念而染重病，秦家设李代桃僵之计，派丫鬟艾玉前去探视，商林误以为是雪梅而交欢。商林去世后，艾玉有孕，为商家留得遗腹子。

十七

天上斑鸠，地下泥鳅[①]。

小糊涂蛋，光葫芦头。

不在人前，不在人后。

佯而不睬，缺巴遛猴[②]。

小鬼晒太阳，影子都没有[③]。

隔河千里远，犟驴不过沟[④]。

小秃子过江，一浪一个花头。

养媳妇套被，迟早有个巴头。

吃了筛头子，养成个瘦猴子[⑤]。

劁猪[⑥]带骟牛，掏耳朵带剃头。

江老头江老妈将将好，大舅舅二舅舅两就就[⑦]。

卖破锅遇到个收生铁，小庙鬼没见过大猪头。

① 【天上斑鸠，地下泥鳅】俗以为斑鸠和泥鳅营养丰富，味道鲜美，是上等野味。

② 【缺巴遛猴】形容鬼点子多，在言行上故意占人便宜。

③ 【小鬼晒太阳，影子都没有】指事情毫无根据，根本不存在，引申为否定的决绝之辞。

④ 【隔河千里远，犟驴不过沟】前句指因交通不便，隔河而难以见面；后句比喻人头脑僵化、认死理，不知变通。

⑤ 【吃了筛头子，养成个瘦猴子】比喻占有优质资源，却没有得到相应的好结果。筛头子，即筛子头上颗粒饱满的米。

⑥ 【劁猪】指阉割猪的睾丸或卵巢的去势手术。劁，江淮方言读作 xiāo。

⑦ 【两就就】指双方都迁就一点。

十八

弯弯扭扭，慢慢悠悠。

车襟吊拐，弯里纥纠[①]。

吃喝嫖赌，没大谈头。

阴间不要，阳间不收。

油干灯草尽，粥冷自然稠[②]。

一个春瞌睡，一个递枕头[③]。

凡人不开口，神仙难下手。

王八瞅绿豆，驼子翻跟头[④]。

打年头忙到年尾，从人前吃到人后。

问墙壁都会沙土，是疖子总要出头[⑤]。

猪八戒糟蹋人生果，癞蛤蟆想吃天鹅肉。

多一事不如少一事，好记性不如烂笔头。

---

① 【车襟吊拐，弯里纥纠】车襟吊拐，形容衣服或因制作或因穿着而显得不平展；弯里纥纠，形容竹木、线条等弯曲。纥纠，读作 gē jiū，即疙瘩。

② 【粥冷自然稠】比喻经过一段时间消融，矛盾会渐渐缓和，情感会渐渐加深。

③ 【一个春瞌睡，一个递枕头】比喻心领神会地为对方做某事提供便利条件，含贬义。

④ 【王八瞅绿豆，驼子翻跟头】前句歇后语是“对上眼”；后句歇后语是“两头不着地”。

⑤ 【问墙壁都会沙土，是疖子总要出头】前句形容问话没有丝毫回音；后句比喻问题终究会暴露出来。沙，颗粒物筛漏、洒落下来，读作 shà。

第十一部　中韵[1]

① 【中韵】本韵部包括普通话中ong和部分eng韵母所构成的汉字。

一

掩将掩[1]，空对空。

万把万，通大通[2]。

有过节[3]，无底洞。

风前烛，产后风。

桃红花色，藕白丝红。

才人无貌，破扇有风。

老鸭浮水，上面不动。

孙猴弹棉，一锤下工[4]。

两个指头拉，三个指头搡[5]。

买卖看行情，早晚价不同。

你卖韭菜我卖葱，各人买卖各不同。

黄牛有毛也过冬，水牛没毛也过冬。

① 【掩将掩】形容数量、分量正好，不多不少。掩，江淮方言读作 án。

② 【通大通】形容墙壁、衣服、纸张等有窟窿，内外通透。

③ 【有过节】表示曾经有矛盾。

④ 【孙猴弹棉，一锤下工】比喻做很短时间就停工，只此一次。

⑤ 【两个指头拉，三个指头搡】形容表面上挽留，暗地里却是拒绝。搡，即推，读作 sǒng。

二

毛茸茸，紧绷绷。

急吼吼，气汹汹。

灰里蹦，子孙桶[①]。

伢子气，人来疯。

害懒黄病，喝西北风。

没大道道，牛鼻哄哄[②]。

药煎二火[③]，棍打不动。

拽手拽脚，失拢搭拢[④]。

下雪打雷，十个牛栏九个空[⑤]。

长工短工，腊月二十四满工[⑥]。

一回相见一回少，来生未必是弟兄。

尖担挑柴两头脱[⑦]，竹篮打水一场空。

---

① 【灰里蹦，子孙桶】灰里蹦，辈分指孙子的孙子；子孙桶，旧称嫁女时随嫁妆一同陪送的红漆盆桶，包括马桶、脚盆、水桶，寓意子孙绵延，多福多寿，也专指马桶。

② 【牛鼻哄哄】形容自高自大，目中无人。

③ 【二火】指第二次。

④ 【拽手拽脚，失拢搭拢】拽手拽脚，形容手脚笨拙、不灵便；失拢搭拢，形容个人衣着、颜面乃至动作都不干净利落。拽，读作 zhuāi。

⑤ 【下雪打雷，十个牛栏九个空】民俗认为，隆冬时节下雪伴有雷声，预示着来年为凶年。

⑥ 【长工短工，腊月二十四满工】旧时为人所雇佣的长工或短工，到了农历腊月二十四，无论劳作是否完成，都可按惯例告假回家过年，雇主不得截留。

⑦ 【尖担挑柴两头脱】比喻办事不牢靠，两头落空。

三

檐老鼠，瞌睡虫[①]。

被条气，枕头风[②]。

睁眼瞎[③]，独眼龙。

实过劲，骚不拢[④]。

现钟不撞，反去炼铜[⑤]。

串通一气，掏问口风。

天无风不冷，人无债不穷。

一鼻孔出气，一根筋不通。

一娘生九子，九子各不同。

催工不催食，三旱抵一工。

河里打鱼河里了，船上赚钱船上用。

有钱能使鬼推磨，磨刀不误砍柴工。

① 【檐老鼠，瞌睡虫】檐老鼠，即蝙蝠；瞌睡虫，原指传说中能使人打瞌睡的虫，后比喻爱打瞌睡的人。

② 【被条气，枕头风】被条气，指因睡眠不足被人吵醒，心情郁闷而发的脾气，也叫“下床气”；枕头风，指妻子或情妇在床第所说的怂恿、干预男方事务的话。

③ 【睁眼瞎】指文盲。

④ 【实过劲，骚不拢】实过劲，形容人十分吝啬或难通融；骚不拢，形容不明事理，不知好歹。

⑤ 【现钟不撞，反去炼铜】比喻有现成的东西不用，反而另起炉灶，多费手脚。

四

老油子,小祖宗[①]。

软骨病,鸡爪风。

树直死,人直穷。

讲狡理,发酒疯。

嘴巴上火,疖子灌脓。

喝二两酒,装半斤疯。

泥鳅要捧,小孩要哄。

少年裁缝,老年郎中[②]。

十年教书不富,一年不教就穷。

烧了三天不滚,滚了三天不冲[③]。

热豆腐烫着养媳妇,急惊风遇到慢郎中[④]。

半油篓子晃起来晃,实心鼻子要抬杠通[⑤]。

① 【老油子,小祖宗】老油子,指自以为处世经验多而油滑的人;小祖宗,旧时奴仆在焦急时称呼年轻主子,现今用于父母对顽皮小孩的埋怨、责备或无奈的怨怼语。

② 【少年裁缝,老年郎中】意谓职业技艺与年龄有很大关系,年轻的裁缝眼力好,年老的郎中经验多,各有优势。

③ 【烧了三日不滚,滚了三日不冲】比喻人做事敷衍、拖沓。

④ 【热豆腐烫着养媳妇,急惊风遇到慢郎中】前句嘲笑贪嘴者急切而难以吞食的窘态;后句比喻动作缓慢难以救急。

⑤ 【实心鼻子要抬杠通】比喻对于棘手的问题必须采取果断有力的手段去解决。

五

鱼肚白，虾壳红。

毛毛雨，耳边风。

窝囊废，不顶龙。

两不管，一窝蜂。

麻子一红，大不相同①。

龙多作旱②，树大招风。

成家机匠，败家裁缝③。

顺汤顺水④，善始善终。

人怕老来穷，树怕钻心虫。

蚊子叮老鳖，公鸡啄蜈蚣⑤。

龙生龙，凤生凤，老鼠生儿打地洞。

吃不穷，穿不穷，算计不到一世穷。

① 【麻子一红，大不相同】形容麻脸的人发怒，血涌麻点，令人畏惧。

② 【龙多作旱】比喻责任人多了，各行其是，反而干不成事。

③ 【成家机匠，败家裁缝】旧时人们直观地认为机匠织布是创造财富，而裁缝做衣服穿是浪费财富。

④ 【顺汤顺水】形容很顺畅。

⑤ 【蚊子叮老鳖，公鸡啄蜈蚣】比喻双方自来就是生死对头，无可调和。甲鱼被蚊子叮咬即溃烂而死亡，而甲壳又能驱蚊；公鸡见到蜈蚣即奋力扑啄，而蜈蚣又嗜食鸡蛋和死鸡。

六

玩心重，睡意浓。

弯腰混，磨洋工。

虾不动，水不动[①]。

揩油水，打秋风[②]。

屁股有屎[③]，嘴巴不怂。

瘪格拉切，矮不拢冬[④]。

牵你衣裳拐，恨他一个洞[⑤]。

戳天捣屋漏，天打五雷轰。

走慢了穷赶上，走快了赶上穷。

砌间屋十担米，拆间屋一阵风。

生疮不晓得化脓，放屁不晓得脸红[⑥]。

管他伤风不伤风，三片生姜一根葱。

---

① 【虾不动，水不动】比喻看似很小、但很关键的人或事决定着全局的态势。

② 【打秋风】指假借名义、利用关系向人索取财物。

③ 【屁股有屎】比喻错误或贪赃枉法的事实暂时被遮掩。

④ 【瘪格拉切，矮不拢冬】瘪格拉切，形容很瘪，没有内容，多用于瓜果、谷粒等；矮不拢冬，形容形体矮而胖。

⑤ 【牵你衣裳拐，恨他一个洞】前句是恭维语，意谓请对方给予关照，沾对方的光；后句形容恨到极点。

⑥ 【生疮不晓得化脓，放屁不晓得脸红】形容人愚笨，且没有羞耻之心。

七

拨火棍，出气筒。

冒失鬼，糊涂虫。

打白工，填窟洞①。

几凑手，一条龙②。

洋洋董董，膪膪脓脓③。

颠颠倒倒，孬巴哄哄。

属算盘珠子，不拨不动④。

撵下山兔子，屁淡轻松⑤。

小伢子兴哄，老年人兴董⑥。

三十年河西，三十年河东。

上街不要下街抢，苦处挣钱乐处用。

一层麻布隔层风，十层麻布过个冬。

---

① 【打白工，填窟洞】打白工，指没有报酬的劳动；填窟洞，比喻用财物去填补对方的亏空。

② 【几凑手，一条龙】几凑手，指几方面很顺当地配合，完成某事；一条龙，比喻事物首尾相连，排成一条连续不断的线，也指将各项服务集中到一起。

③ 【膪膪脓脓】形容做事手脚笨拙，反应迟钝。膪，读作 chuài。

④ 【属算盘珠子，不拨不动】比喻人呆板，也指人懒惰。

⑤ 【撵下山兔子，屁淡轻松】比喻利用对方的先天不足，很容易制服对方。兔子前腿短，后腿长，上坡跑得快，下坡极易翻跟头。

⑥ 【兴董】易于接受他人的怂恿。

八

馋滴滴，马拢拢。

油光光，臭烘烘。

做事肉，念书懵[①]。

没牙佬，不关风。

泼泼洒洒，失失拢拢[②]。

洋洋懂懂[③]，癫癫疯疯。

日有所思，夜有所梦。

有风无风，灯盏朝胸[④]。

石头剪子布，老虎杠子虫[⑤]。

跌成狗吃屎，摔个倒栽葱。

会偷吃不会抹嘴，烧虾子等不到红[⑥]。

勒紧裤腰带还债，穿夏布褂子过冬[⑦]。

① 【做事肉，念书懵】形容做事不果断，动作迟缓，读书时头脑不灵活，不够聪明。懵，读作 měng。

② 【泼泼洒洒，失失拢拢】泼泼洒洒，形容液体溅出容器；失失拢拢，形容人衣衫不整、外表邋遢的样子。洒，江淮方言读若 sè；入声。

③ 【洋洋懂懂】形容人性情古怪、装疯卖傻的样子。懂，懵懂，糊涂。

④ 【有风无风，灯盏朝胸】比喻无论在什么情况下，都要养成好的习惯。旧时照明用灯盏，为防止被风吹灭，须用手或身体挡住风。

⑤ 【石头剪子布，老虎杠子虫】民间流传的两种猜拳游戏，前者多用其随机产生的结果以作判断输赢，后者多用于酒席的酒令。

⑥ 【会偷吃不会抹嘴，烧虾子等不到红】前句比喻偷做了见不得人的事，却不小心留下印迹被人发现；后句比喻人性急，不等条件具备就贸然尝试。

⑦ 【穿夏布褂子过冬】形容极端贫寒。夏布，以苎麻为原料编织而成的麻布，因其透气通风，穿着凉爽舒适，常用于夏季衣着。

九

针大的眼，斗大的风[①]。
包包叠叠，尽在壶中[②]。
如火星秃，像大麦冲[③]。
手脚不稳[④]，人财两空。
头顶上生疮，脚底下淌脓。
瞎子过石步[⑤]，脚脚踩到空。
打上灯瞌睡[⑥]，做春秋大梦。
干活不由东，累死也无功[⑦]。
心抹不直，嘴噘[⑧]得能挂粪桶。
算计不通，捉个小养猪过冬[⑨]。
驼子走路前心重，兔子看人眼睛红[⑩]。
丢下耙子拿笤帚，起早贪黑不歇中。

---

① 【针大的眼，斗大的风】比喻小的错误如果不纠正就会带来很大的损失。斗，量粮食的器具，读作 dǒu。

② 【包包叠叠，尽在壶中】包包叠叠，把零碎的东西聚集起来，凑成整数；尽在壶中，即全部都在这里。

③ 【如火星秃，像大麦冲】两句都比喻人的性格暴躁。火星秃，即白秃疮，稍有刺激便瘙痒难忍，火气上升；大麦冲，本指大麦酿制的烧酒，比喻说话不婉转，语气粗暴冲人。

④ 【手脚不稳】指有小偷小摸的坏习惯。

⑤ 【石步】指河中供人过河的垫脚石。

⑥ 【打上灯瞌睡】指傍晚上灯时分老年人常出现的瞌睡。

⑦ 【干活不由东，累死也无功】意谓做事不听从主人安排，结果白费功夫。东，东家，雇主。

⑧ 【噘】指嘴唇翘起，生气的样子，读作 juē，入声。

⑨ 【算计不通，捉个小养猪过冬】意谓生活中不善盘算，常常吃亏。旧时农家通常春夏买小猪，喂养到年关宰杀。小养猪，刚断奶的幼崽，冬天喂养难以生长，甚至难以过冬。

⑩ 【驼子走路前心重，兔子看人眼睛红】前句歇后语谐音“钱心重”；后句歇后语“眼睛红”，意谓对他人的成功羡慕嫉妒恨。

十

耍屎屁赖，发猪头疯[①]。

搭不上袢，过不了功[②]。

东戳西捣，钻天打洞[③]。

没钱喝酒，恨人脸红[④]。

热锅上蚂蚁，肚子里蛔虫[⑤]。

乖乖隆地咚，韭菜炒大葱[⑥]。

腊月忙不富，正月玩不穷。

出门三五里，各处一乡风。

牙齿不锉不松，耳朵不掏不聋。

百闻不如一见，万变不离其宗。

有多大力气挑多重担，做一天和尚撞一天钟。

开染坊的遇到连阴雨，卖灰面的碰上旋头风[⑦]。

---

① 【耍屎屁赖，发猪头疯】耍屎屁赖，即耍赖皮；发猪头疯，即表现出无理智的疯狂举动。“猪头疯”本是一种猪病，又叫“猪癫疯”。

② 【搭不上袢，过不了功】搭不上袢，指沾不上边；过不了功，指难以跨过关口，多指难以逃脱惩罚。袢，纽扣的套，读作 pàn。

③ 【钻天打洞】比喻利用一切机会和办法来达到目的。

④ 【没钱喝酒，恨人脸红】比喻自己没有能力，但嫉妒心强烈。

⑤ 【热锅上蚂蚁，肚子里蛔虫】前句歇后语为“心急火燎”；后句歇后语为“知你心意”。

⑥ 【乖乖隆里冬，韭菜炒大葱】表示十分惊叹的戏谑说法。葱韭味皆辛，有冲人的特殊气味，喻指有摄人的气场，后句也有顺口押韵的谐趣。

⑦ 【开染坊的遇到连阴雨，卖灰面的碰上旋头风】比喻行为受到外在因素的严重制约。灰面，面粉。

第十二部　姑韵

一

寒滴滴[1]，热乎乎。

心痒痒，麻酥酥。

寡妇脸，罗汉肚[2]。

一着输，着着输。

鱼往深处，人往恩处[3]。

麻秸打狗，冷水烫猪[4]。

躲得过初一，躲不过十五。

外甥多像舅，依样画葫芦。

三步并做两步，一山不容二虎。

一块石头落地，半截身子入土[5]。

笑得眼睛合成缝，睡到太阳晒屁股。

对着秀才莫讲书，对着屠户莫讲猪。

① 【寒滴滴】形容人清贫寒酸的样子。

② 【寡妇脸，罗汉肚】寡妇脸，表示一脸苦相，没有欢快的表情；罗汉肚，又叫"将军肚""啤酒肚"，指中年男子凸出隆起的腹部。

③ 【鱼往深处，人往恩处】意谓人总是向往着对自己有好处的地方。

④ 【冷水烫猪】比喻白费力气，没有效果。

⑤ 【半截身子入土】指人进入中老年，人生过半。

二

当当响，鸦鸦乌[①]。

板哒哒，泡乎乎[②]。

三句甜，两句苦[③]。

吃不准，犯踌躇。

磨磨蹭蹭[④]，晕晕乎乎。

五心烦躁，哭嘶麻乌[⑤]。

拳头不吃素，心里不寒乎[⑥]。

三分钟热度，一袋烟工夫[⑦]。

叫花钻草堆，快活招不住。

干被条不睡，湿被条扯呼[⑧]。

大人不记小人过，小人全仗大人扶。

养儿不孝如养驴，养女不孝如养猪。

① 【鸦鸦乌】形容众人因不敢说或不会说而保持沉默，没有一点声音。

② 【板哒哒，泡乎乎】板哒哒，形容很厚实的样子，如豆腐、肉类等；泡乎乎，形容很松软的样子，如棉花、面包等。

③ 【三句甜，两句苦】指对人连劝带吓，软硬兼施。

④ 【磨磨蹭蹭】形容行动迟缓，做事拖拉。蹭，读作 cèng。

⑤ 【哭嘶麻乌】形容痛哭的样子。

⑥ 【不寒乎】表示应对裕如、不惧怕对方。

⑦ 【一袋烟工夫】即一会儿，旧时吸一次旱烟约 5～10 分钟时间。

⑧ 【干被条不睡，湿被条扯呼】比喻人性情反常，难以理喻。

三

瘦切切，胖嘟嘟。

光秃秃，花噜噜①。

猫来穷，狗来富。

九头鸟，五爪猪②。

蛇有蛇路，鳖有鳖路。

男怕头肿，女怕脚浮。

猫大自逼鼠，人大自做主。

抬头嫁丫头，低头接媳妇③。

没吃过猪肉，总见过猪走路④。

一条牛尾巴，遮一个牛屁股⑤。

一锄头也是动土，两锄头也是动土⑥。

犁头自是生铁倒，刀快不怕脖子粗⑦。

---

① 【花噜噜】形容图案花哨、色彩鲜明的样子。

② 【五爪猪】迷信认为五爪猪是不祥之物，不能屠杀，不能食用。人们也以“五爪猪”比喻无约束、无规范的行为。爪，读作 zhǎo。

③ 【抬头嫁丫头，低头接媳妇】指婚嫁过程中女方因送出女儿，心理上拥有予取的主动权，男方以为自家添人进口，则应恭敬谦卑以待人。

④ 【没吃过猪肉，总见过猪走路】比喻虽未亲身经历过某事，但是也见识过，有所了解。

⑤ 【一条牛尾巴，遮一个牛屁股】比喻各自先要管好自己的事，不要胡乱指责别人。

⑥ 【一锄头也是动土，两锄头也是动土】比喻担心的事情既然开始干了，索性就一直干下去。

⑦ 【犁头自是生铁倒，刀快不怕脖子粗】前句比喻优秀人物都有内在的坚韧、刚毅的品质；后句比喻有了克敌制胜的手段，就不畏惧强大的对手。倒，读作 dào，旧时金属器具的一种制作工艺，将铁或铝等熔铸成锅、犁头等器具。

四

小倒戏[1],大鼓书。

团团转,车轱辘[2]。

当面锣,对面鼓。

逗笔字[3],鬼画符。

年怕中秋,月怕十五[4]。

屁大一会,年把工夫。

怒从心头起,脸红脖子粗。

换汤不换药,翻脸如翻书。

裁缝不落布,两天一条老棉裤[5]。

白天吃头猪,不抵晚上一觉呼。

屙屎都怕拢出力,念书念到腿巴肚[6]。

吃了五谷想六谷,吃了萝卜想豆腐。

① 【小倒戏】即庐剧,又叫"倒七戏",流行于安徽境内的江淮部分地区。

② 【车轱辘】即转圈子。轱辘,圆圈。

③ 【逗笔字】指不按笔画顺序写字。

④ 【年怕中秋,月怕十五】意谓过了这些时间节点,所剩的时日就不足一半了。

⑤ 【裁缝不落布,两天一条老棉裤】旧时人们歧视性认为裁缝贪得主人家的小块布料是常有的事。落,偷偷截留。

⑥ 【屙屎都怕拢出力,念书念到腿巴肚】前句指做任何事都敷衍了事,不作努力;后句指读书没能提升知识、能力、品德,反而变得笨拙、昏庸。

五

黄花女，尖嘴姑①。

老窝子②，养媳妇。

桥归桥，路归路。

吹大牛，过小猪③。

轻重是礼，长短是布。

拿腔拿调，文乎文乎④。

瞎子有人牵，跛子有人扶。

死了胡屠户，不吃连毛猪⑤。

人算不如天算，罗盘不离子午⑥。

又要我唱花脸，又嫌我喉咙粗⑦。

黄梅不落青梅落⑧，哪壶不开提哪壶。

人心不足蛇吞象，槽里无食猪拱猪⑨。

---

① 【尖嘴姑】指在嫂子眼中，尖酸刻薄、说自己坏话的小姑子。

② 【老窝子】指众多儿女中最小的儿子。

③ 【过小猪】本指母猪接连生下多个小猪的过程，民间谑指因醉酒而呕吐的情状。

④ 【文乎文乎】指人说话喜欢引经据典，显示自己有学问，含贬义。

⑤ 【死了胡屠户，不吃连毛猪】比喻少了某人或某种条件，照样能办好事情。

⑥ 【罗盘不离子午】比喻做人做事要有方向，不能偏离。

⑦ 【又要我唱花脸，又嫌我喉咙粗】比喻为人所用，又受人刁难。“花脸”是京剧中的“净”的行当，表现的人物性格刚毅勇猛，声腔粗犷洪亮。

⑧ 【黄梅不落青梅落】比喻年轻人先于老年人而死去。

⑨ 【槽里无食猪拱猪】比喻一旦生存条件不足，人际间就会发生内讧甚至斗争。

六

小气鬼,大老粗。

脚巴掌,头骷髅。

打赤膊,精屁股[①]。

不上惯,丢痴胡[②]。

长兄如父,长嫂如母。

干柴烈火,光棍寡妇。

人过四十五,半截埋进土。

风水轮流转,死秤活人扶[③]。

长痛不如短痛,药补不如食补。

衣裳像租来的,油瓶倒了不扶[④]。

夜里默算千条路,早起还是卖豆腐[⑤]。

老鼠见猫魂魄散,羔羊遇虎筋骨酥。

---

① 【精屁股】即光屁股。

② 【不上惯,丢痴胡】不上惯,指小孩因大人宠爱而变得不听话;丢痴乎,指不能完成任务而没有面子。

③ 【死秤活人扶】比喻处理问题要动脑筋,灵活对待。

④ 【衣裳像是租的,油瓶倒了不扶】形容慵懒至极,衣衫长时间不换洗,家务活从来不伸手。

⑤ 【夜里默算千条路,早起还是卖豆腐】比喻虽有各种美好的规划,但在现实中还是为生存生计而忙碌。

七

菩萨佬，老秋姑[①]。

讲梦话，打呼噜。

走一步，算一步。

老和嫩，一锅烀[②]。

吃闷头亏，走冤枉路。

做事毛糙，七胡八胡。

二十三四五，忙个大吃苦[③]。

软得像棉条[④]，睡得像死猪。

死都不夹眼，吊颈也要找棵大树。

慢工出细活，心急吃不了热豆腐。

一个打，一个护，伢子到老不上路。

猫来贫，狗来富，猪来三尺白老布[⑤]。

---

① 【菩萨佬，老秋姑】菩萨佬，又叫“菩佬”，即人形木偶；老秋姑，指传说中吃婴儿的老妇人。

② 【一锅烀】指不问好坏，放在一起处理。烀，煮，读作 hū。

③ 【二十三四五，忙个大吃苦】指腊月二十几，为了过年而格外忙碌。

④ 【软得像棉条】形容浑身松软无力，棉条，纺纱前将棉花卷成手指粗细的棉花卷。

⑤ 【猫来贫，狗来富，猪来三尺白老布】民俗认为，猫、狗、猪等家畜无缘无故来到家里，吉凶休咎各有不同。三尺白老布，指丧事，儿女戴孝。

八

斗地主，推倒胡[①]。

小进账，有当无。

刮鼻子，打屁股[②]。

末末了，几几乎[③]。

跷二郎腿，穿连裆裤。

一稻箩长，两稻箩粗[④]。

此处不留人，自有留人处。

拔一根汗毛，比你腰还粗。

擂一截是一截，走哪步说哪步。

朝前看不如人，朝后看人不如。

二十铺到三十铺，无非一步搭一步。

害人之心不可有，防人之心不可无。

① 【斗地主，推倒胡】斗地主，一种以三家打一家的扑克牌游戏；推倒糊，麻将术语，一种较为简单、容易上手的麻将游戏。

② 【刮鼻子，打屁股】两者都比喻受到批评、惩罚。

③ 【末末了，几几乎】末末了，即最后、末尾；几几乎，即几乎。

④ 【一稻箩长，两稻箩粗】形容人形体矮而肥胖，比例失调。

九

呱呱叫，阔阔乎[1]。

天井院，水火炉[2]。

大掌柜，二地主[3]。

打地铺，跑江湖。

牯牛牸牛，牙猪豚猪[4]。

滴溜打挂，浓鼻拉乎[5]。

四时八节，隔三岔五。

一脸横肉，够喝一壶[6]。

肥田出瘪稻，严师出高徒。

无风不起浪，无巧不成书。

老虎撵到屁股后头，还要瞅瞅是公是母。

如来佛手心翻不过，孔夫子搬家尽是书[7]。

---

① 【阔阔乎】形容非常宽裕、游刃有余的样子。

② 【天井院，水火炉】天井院，我国南方传统民居的建筑式样，四周的房屋连接在一起，中间围成一个小天井；水火炉，街镇上为居民烧开水的店铺。

③ 【二地主】指将租来土地转租他人而收取地租的地主。

④ 【牯牛牸牛，牙猪豚猪】即公母水牛和雌雄生猪。牯牛、牙猪属雄性，牸牛、豚猪属雌性。豚，读作 tún。

⑤ 【滴溜打挂，浓鼻拉乎】滴溜打挂，形容悬挂得很多；浓鼻拉乎，形容小孩鼻涕流下的样子。

⑥ 【够喝一壶】指让人很难承受。

⑦ 【孔夫子搬家尽是书】歇后语“孔夫子搬家——尽是书”，“书”谐音“输”。

十

积胀胀[①],傻乎乎。

秋老虎,大火炉[②]。

走一间,撑一杵[③]。

行得稳,人不浮。

阴死刮冷,灰不黜黜[④]。

三头六臂,五大三粗。

山有山神,庙有庙主。

糟吃糟长[⑤],糊里糊涂。

黄忠七十五,正是出山虎。

三步不出车,十有九盘输[⑥]。

拄一棍,移一步,离了拐棍难走路。

一回生,二回熟,三回四回热乎乎。

① 【积胀胀】形容一种钝性、持续性的疼痛。

② 【秋老虎,大火炉】秋老虎,指立秋之后仍然延续的高温天气;大火炉,比喻夏天气温比其他地方更高的地方。

③ 【走一间,撑一杵】比喻做事要张弛有度,劳逸结合,才能行稳致远。旧时挑夫挑担时,每走一小段路都要撑杵、换肩,歇息片刻。一间,一小段路。

④ 【阴死刮冷,灰不黜黜】阴死刮冷,指天气阴冷;灰不黜黜,形容灰暗的样子。黜黜,读作 chù chù,黑而无光。

⑤ 【糟吃糟长】表示对饮食不卫生或无规律的调侃。

⑥ 【三步不出车,十有九盘输】指中国象棋开局布阵技巧。车,读作 jū,象棋棋子。

十一

锅要倒[1],桶要箍。

肉头货,油葫芦[2]。

照直讲,对不住。

想当然,不在乎。

弯弯扁担,丫丫葫芦。

穷要养猪,富要念书。

一日为师,终身为父。

教出徒弟,饿死师傅[3]。

男大到廿五,女大到大肚[4]。

一排一大路,一拎一嘟噜[5]。

瓦罐常在井上破,五五不离二十五[6]。

女儿不断娘家路,严婆不打哑媳妇[7]。

---

① 【倒】指用模具制作铁锅,读作 dào。

② 【油葫芦】本指一种像蟋蟀的小昆虫,也比喻骨架小而滚圆的猪、羊等家畜。

③ 【教出徒弟,饿死师傅】意谓师傅如果把独门绝技教给徒弟,那么徒弟就会生意兴隆,师傅反而窘困。这是一种狭隘保守的教学观。

④ 【男大到廿五,女大到大肚】旧时人们认为男性真正成熟应至 25 岁,而女性稍早,只要能怀孕,便标志成熟。

⑤ 【一排一大路,一拎一嘟噜】指排成一条长队,提起来成一长串。

⑥ 【瓦罐常在井上破,五五不离二十五】前句比喻经常担着风险去做某事难免会失手;后句比喻无论怎样算计,最后的结果都是一样。

⑦ 【严婆不打哑媳妇】意谓婆婆再严厉也不会打骂听话而不吭声的媳妇。

十二

恨人有，笑人无。

神经病，鬼捣鼓[①]。

垫脚石，顶梁柱。

好大事[②]，不含糊。

上山下葬，阴曹地府。

黑灯瞎火，漆黑麻乌。

人中有吕布，马中有赤兔。

睡个囫囵觉[③]，乱点鸳鸯谱。

程咬金三板斧，王奶奶裹脚布。

脸红到脑颈把，头摇像拨浪鼓。

羊毛出在羊身上，瞎猫碰到死老鼠。

清官难断家务事，乱拳打死老师傅。

① 【鬼捣鼓】形容自言自语或几人在一起小声嘀咕。

② 【好大事】口头语，意谓没有什么了不起。

③ 【囫囵觉】指整夜没有受到干扰的睡眠。

十三

收收口，紧紧箍[①]。

生辣辣，气呼呼。

家无主，笤把舞[②]。

婆婆嘴，瞎捣鼓。

宁输千金，不输寸土。

鱼怕落网，铁怕落炉。

轻重是个礼，长短是块布。

一棵小草头，顶个露水珠[③]。

三年不养猫，丢掉一黄牯[④]。

子孙不读书，祖字认作租[⑤]。

不出外不晓得苦，不看戏不晓得古。

小狗掉到茅厕里，闷头驴子吃麦麸[⑥]。

---

① 【收收口，紧紧箍】收收口，比喻即将结束的收尾工作；紧紧箍，比喻对自由的状态要稍加控制。

② 【家无主，笤把舞】意谓一个团体或组织如果没有人作主掌控，其他成员就会生事，不得安宁。笤，读作 tiáo。

③ 【一棵小草头，顶个露水珠】意谓每个人都有自己的一份责任，一份担当。

④ 【三年不养猫，丢掉一黄牯】意谓养猫能逮老鼠，也就变相地保存了粮食，几年下来，就能买一条昂贵的黄牯牛。

⑤ 【祖字认作租】意谓没文化的可怕，连祖宗都无法认了。

⑥ 【小狗掉到茅厕里，闷头驴子吃麦麸】前句的歇后语是“吃不彻(尽)”；后句的歇后语是“只吃不说”。

第十三部　多韵[1]

①【多韵】“多韵”中，除了uo、o两韵母，部分“e”韵母中的字，按江淮方言的发音也读若uo或o，如个、科、棵、河、窠、哥、歌、和、何、课、讹等字。

一

拍胸脯，有下数。

敲边鼓，抱空窝①。

一分钱，一分货。

做好事，少唾啰②。

天燥有雨，人躁有祸。

树老根多，人老话多。

是福不是祸，是祸躲不过。

捡了便宜柴，烧了夹底锅③。

软藤缠死硬树，干柴遇到烈火。

讨饭要学打狗，光头不钻刺窠④。

秤杆离不开秤砣，老头离不开老婆。

人逢喜事精神爽，闷上心头瞌睡多。

① 【抱空窝】指母鸡在没有鸡蛋的窝里孵着，比喻无所得。

② 【做好事，少唾啰】做好事，央请之词，希望对方答应或满足自己的请求；少唾啰，即少废话。

③ 【捡了便宜柴，烧了夹底锅】比喻虽然开始捡了一点小便宜，但结果遇到麻烦，损失更大。夹底锅，指底部有很厚的锅烟灰的锅，烧这种锅很费柴。

④ 【讨饭要学打狗，光头不钻刺窠】前句比喻即便做简单的事，也要掌握基本技能；后句比喻要认识到自己的短处，避免自讨苦吃。

二

屁蛋骨[①],脑颈窝。

脚骨拐,头毛窠[②]。

歪歪窑,出好货[③]。

敲拔糖,背黑锅[④]。

不是鱼死,就是网破。

毛手毛脚,小偷小摸。

筛子大似罗,姑子大似婆[⑤]。

嘴里喊哥哥,手里摸家伙。

挑窑货断扁担,没一个好货。

老子矮矮一个,娘矮矮一窝。

点蜡烛不知油价,从糠箩跳到米箩[⑥]。

大哥二哥麻子哥,大家都是差不多。

---

① 【屁蛋骨】即尾椎骨。

② 【脚骨拐,头毛窠】脚孤拐,即脚踝;头毛窠,即头发间。

③ 【歪歪窑,出好货】比喻不起眼的地方产出好的物品,尤指各方面条件较差的父母却养育出优秀的子女。

④ 【敲拔糖,背黑锅】敲拔糖,零打碎敲地占有好处;背黑锅,比喻代人受过,遭受冤屈。敲,江淮方言读作 kāo;拔糖,熬制成块状的米糖、山芋糖等。

⑤ 【筛子大似罗,姑子大似婆】意谓在新媳妇眼里,小姑子有时比婆婆更难伺候、对付。筛子用于筛米和颗粒类谷物;罗又叫筛罗,用于筛面粉。

⑥ 【点蜡烛不知油价,从糠箩跳到米箩】前句形容只知道享受,却不知得来艰难;后句比喻从差的环境进入到好的环境。

三

母老虎，管家婆。

泼冷水，收家伙[①]。

针能过，线能过[②]。

性子肉，做事磨[③]。

狗皮膏药，糠心萝卜。

递话给人，候米下锅。

一屁弹着[④]，一头恼火。

翻急脾脸[⑤]，捅马蜂窝。

黄瓜打大锣，一丢一大锉[⑥]。

一卯抵一缺，驼子仰碓窝[⑦]。

乔太守乱点鸳鸯谱，丑媳妇也要见公婆。

叫花子听不得碗响，撵黄鳝顾不得秧棵[⑧]。

① 【收家伙】停止做某件事的诙谐说法。家伙，指劳动工具。

② 【针能过，线能过】比喻一方获得通过，与其条件相近或相关的一方理应也能通过。

③ 【性子肉，做事磨】指慢性子，做事不麻利。

④ 【一屁弹着】比喻所说的话很快得到应验，多指不好的事情发生。

⑤ 【翻急脾脸】指不顾情面，突然翻脸。

⑥ 【黄瓜打大锣，一丢一大锉】比喻用不当的工具和手段，损失会很大。锉，读作cuò，一锉即一截。

⑦ 【一卯抵一缺，驼子仰碓窝】前句指相应的部分都吻合，也比喻证据充分，没有漏洞；后句调侃某个缺点恰好在特定环境中得到掩饰，仰，江淮方言读作 liǎng。

⑧ 【撵黄鳝顾不得秧棵】比喻在获取大利益时，可以不计小的损失。

四

心上火[①],人闯祸。

日不做,夜摩挲[②]。

破虽破,苏州货[③]。

天打暴,秧发棵[④]。

麻雀屎多,结巴话多。

有柴一灶,有米一锅。

好货不便宜,便宜没好货。

猴子不上树,多打几遍锣。

千错万错,都是媳妇的错。

金窝银窝,不如自家狗窝。

多粗黄鳝多大洞,过了筛子又过罗[⑤]。

大姑子多婆婆多,小姑子多舌头多[⑥]。

① 【心上火】中医认为人体阴阳失衡,内火旺盛,即会上火,表现为五心烦热,躁动不安。

② 【日不做,夜摩挲】意谓白天该干活时不干,到了夜间却装模作样地做。摩挲,本指抚摸,此指做事磨蹭,读作 mó suō。

③ 【破虽破,苏州货】意谓旧时苏州地区生产、制作的产品质量好。

④ 【天打暴,秧发棵】意谓夏天的雷阵雨会促进秧苗发育,生出分枝。

⑤ 【多粗黄鳝多大洞,过了筛子又过罗】前句比喻家庭收支成正比;后句比喻好的东西必须经过层层筛选。

⑥ 【大姑子多婆婆多,小姑子多舌头多】指姑嫂关系难处:大姑子常在弟媳妇面前颐指气使,小姑子常在婆婆跟前说嫂子的坏话。

五

腰子桶，耳朵锅[①]。

瓜蒂把，蒜哱罗[②]。

拔火罐，打灯火[③]。

扯挂面，炸油货[④]。

顺风吹火，用力不多。

鸡鸭踩水，猪狗配窝[⑤]。

庙小妖风大，池浅王八多[⑥]。

一个要锅补，一个要补锅。

寻死不如闯祸[⑦]，远水难救近火。

出头椽子先烂[⑧]，摸着石步过河。

黄毛丫头十八变，多年媳妇熬成婆。

大汉不呆是个宝，寡妇门前是非多。

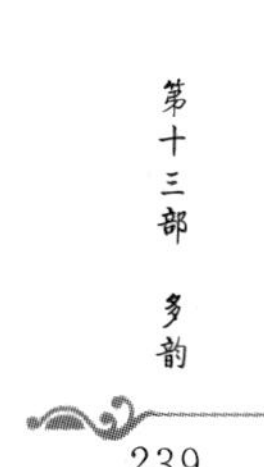

---

① 【腰子桶，耳朵锅】腰子桶，旧时用于杀猪的木桶，因其像猪腰子形状，故名；耳朵锅，指带有两只铁袢的餐桌用小锅。

② 【瓜蒂把，蒜哱罗】瓜蒂把，指瓜果与枝蔓相连接的部位；蒜哱罗，即蒜头。哱罗，本指古代军队中的一种号角，用海螺壳做成，后来人们以此指称物体上呈圆球状的小附着物，如绳结、头颅（谑称）等，读作 bō luo。

③ 【拔火罐，打灯火】指我国传统的两种中医疗法。拔火罐，就是以罐为工具，利用燃火、抽气等方法产生负压，使之吸附于体表，造成局部瘀血，以达到通经活络、消肿止痛的功效。打灯火，就是用灯芯草蘸麻油，点燃后烧灼所选定的穴位或部位，多用以治脐风、惊痫等儿科疾病。

④ 【炸油货】指将食物放在沸油中炸成金黄色。炸，江淮方言读若 zhé（入声）。

⑤ 【鸡鸭踩水，猪狗配窝】家禽交配叫“踩水”，家畜交配叫“配窝”“配栏”。

⑥ 【庙小妖风大，池浅王八多】比喻坏人在范围小的地方兴风作浪，没有约束的时候就会坏人当道。

⑦ 【寻死不如闯祸】意谓走投无路之人与其消极寻死，不如主动闯下祸端，也许还有一线生机。

⑧ 【出头椽子先烂】比喻经常出头或打抱不平的人容易最先遭到打击。椽，架在屋梁上承瓦的木条，读作 chuán。

六

粗奘奘，长拖拖[①]。

气鼓鼓，急梭梭[②]。

杀年猪，办年货。

要生铁，就掼锅[③]。

三不来彩，一个二个[④]。

实在够呛，不得收科[⑤]。

出门一把锁，进门一把火[⑥]。

气得脚直跺，急得把手搓。

男人吃饭如虎，女人吃饭如数[⑦]。

有婆婆怨婆婆，没婆婆想婆婆。

聪明反被聪明误，恶人自有恶人磨。

死猪不怕开水烫，懒驴拉磨尿屎多。

---

① 【粗奘奘，长拖拖】粗奘奘，形容粗大的样子，奘，读作 zhuǎng；长拖拖，很长的样子。

② 【急梭梭】形容急切的样子。

③ 【要生铁，就掼锅】比喻急功近利的人，为了一时的利益，而不惜破坏根本。

④ 【三不来彩，一个二个】三不来彩，指动不动就（争吵或打架）；一个二个，即个个，每一个人，含贬义。

⑤ 【不得收科】即不得收尾，事情无法结束。

⑥ 【出门一把锁，进门一把火】意谓单身汉的生活简单。

⑦ 【吃饭如数】形容吃饭很少，仅用筷头挑起少量饭粒入口。

七

男子汉，奶娘婆[①]。

花大姐，公子哥。

讲喜诀，抢喜果[②]。

牛打栏，鸡开窝[③]。

湿草烟多，穷人气多。

乌漆麻黑，破衣拉蓑[④]。

栽秧似打箭，割麦如救火。

刀在石上磨，人在世上挪。

烧窑的没逮到，逮到个卖窑货。

龙王庙里水多，城隍庙里鬼多。

好苗也怕霜来打，好汉也怕病来磨。

话到嘴巴沿忍住，屎到屁股门才屙[⑤]。

① 【奶娘婆】指处于哺乳期的妇女。

② 【讲喜诀，抢喜果】讲喜诀，旧时婚礼中的互动环节，一人应景讲出对新娘新郎的祝福语，众人跟进高声应和“好”；抢喜果，婚礼中将喜糖、瓜果、糕点等撒向人群，众人哄抢。两环节意在助推喜庆气氛。

③ 【牛打栏，鸡开窝】牛打栏，指母牛发情，又叫“起栏”；鸡开窝，指母鸡开始生蛋。

④ 【乌漆麻黑，破衣拉蓑】乌漆麻黑，形容一片漆黑；破衣拉蓑，形容衣服破烂。

⑤ 【屎到屁股门才屙】比喻事情到了无法再拖延的地步才去解决。

八

软绵绵，懒拖拖。

梆梆硬，瓤和和。

嘴甜泛，人能个[①]。

大路货，格在多[②]。

唤猪唠唠，唤鸡啄啄。

犁田打耙，割麦插棵[③]。

肚饱眼不饱，头过身子过。

要打当面鼓，不敲背后锣。

热锅洞添把柴，冷锅洞烧把火[④]。

讲话如打哑谜，骂人像唱山歌[⑤]。

起来早得罪丈夫，起来迟得罪公婆。

董死不下驴子背，瘦牛跟着壮牛拖[⑥]。

① 【嘴甜泛，人能个】嘴甜泛，指话说得亲切，使人听着舒服；人能个，指人聪明能干。

② 【大路货，格在多】大路货，普通的货物；格在多，非常多。

③ 【割麦插棵】人们对布谷鸟鸣叫的谐音仿词。

④ 【热锅洞添把柴，冷锅洞烧把火】比喻不分厚薄，一视同仁。

⑤ 【骂人像唱山歌】形容骂人的话随口而出，已成恶习。

⑥ 【董死不下驴子背，瘦牛跟着壮牛拖】前句比喻认死理，无论外界怎样施压，都固执地不改变；后句比喻能力弱者与能力强者共事或竞争，往往被拖垮。董，颠簸。

九

老好人，嗨嗨嚯[①]。

肿喉咙，炸耳朵[②]。

挨兹挨，垛打垛[③]。

不嚇显[④]，莫奈何。

求神拜鬼，卜卦打课[⑤]。

菩萨有眼，一毫不讹。

一身肥膘肉，糠心大萝卜。

老鸹吃柿子，专拣软的啄。

杀头买卖有人抢，蚀本生意没人做。

成材的树不用科[⑥]，科来科去结疤多。

跑了和尚跑不了庙，一把钥匙开一把锁，

开什么花结什么果，到什么山唱什么歌。

---

① 【嗨嗨嚯】随大流，不讲原则，不表示明确态度。

② 【肿喉咙，炸耳朵】肿喉咙，吃饭的詈词；炸耳朵，指声音很大。

③ 【挨兹挨，垛打垛】挨兹挨，形容很密集，一个挨一个；垛打垛，形容层层堆积。垛，读作 duò。

④ 【不嚇显】形容不多，不显著。

⑤ 【卜卦打课】两种带有迷信色彩的占卜法。卜卦是占问一些事件的未来走向的一种占卜方式；打课用于预测人的吉凶、寿数，推算人或物之所在位置等。

⑥ 【成材的树不用科，科来科去结疤多】比喻对优秀的孩子过多批评反而影响其成才。科，指用刀斧砍去树枝。

十

秤不离砣，公不离婆。

枉口白舌[①]，啰里巴嗦。

说得好听，听得好过。

打拦头板，压不住砣。

顾头不顾尾，面和心不和。

小时没抓周，手上没长罗[②]。

前头淹死人，后头还有人过河。

没有四两铁，倒不成八耳朵锅[③]。

饭有三餐不饿，衣有三件不破[④]。

三寸鸟七寸嘴，一尺水百丈波[⑤]。

楝树开花你不做，蓼子开花把脚跺[⑥]。

斧头陷在柴口里，生柴又遇夹底锅[⑦]。

---

① 【枉口白舌】形容无端骂人，造谣生事。

② 【小时没抓周，手上没长罗】前句指责对方没有规矩，到处触摸别人东西；后句指责对方拿器物不稳，经常摔坏。罗，手指上的螺纹。

③ 【没有四两铁，倒不成八耳朵锅】比喻只有真本领，才能取得成就。倒，铸造，读作 dào。

④ 【饭有三餐不饿，衣有三件不破】意谓吃穿有基本保障，就不会饥寒交迫。

⑤ 【三寸鸟七寸嘴，一尺水百丈波】前句比喻人虽不大，但善于强词夺理；后句比喻说话夸大其词。

⑥ 【楝树开花你不做，蓼子开花把脚跺】警告人们莫违农时，才能有收获。楝树是春种时开花，蓼子草是秋收时开花。

⑦ 【斧头陷在柴口里，生柴又遇夹底锅】前句意谓用斧头剖柴，结果柴没剖开，斧头却夹在木结中不得出，比喻本想解决问题，结果却被问题困住；后句意谓刚砍下的活柴本就难以烧着，又碰上锅烟很厚的锅底，就更加难烧，比喻不如意事接二连三地出现。

第十四部　鱼韵

一

嚼舌根，接下语[①]。

看门狗，顺毛驴。

听见风，就是雨。

放长线，钓大鱼。

不三不四，风言风语。

眼见为实，耳听为虚。

嘴尖舌头快，得风就是雨[②]。

歪锅配扁灶，河水煮河鱼[③]。

人情一把锯，你不来我不去。

会疼疼媳妇，不会疼疼闺女[④]。

哪个菩萨能保佑，哪块云彩会下雨[⑤]？

灶前灶后千里路，千滚豆腐万滚鱼[⑥]。

① 【嚼舌根，接下语】嚼舌根，指搬弄是非，挑拨离间，说别人闲话；接下语，指插话或接着别人的话往下说。

② 【嘴尖舌头快，得风就是雨】前句比喻话多而轻率；后句比喻听到不确切的消息就信以为真。

③ 【河水煮河鱼】比喻问题在内部解决，自我消化。

④ 【会疼疼媳妇，不会疼疼闺女】指做婆婆的为人之道，心疼儿媳妇才能搞好婆媳关系。

⑤ 【哪块云彩会下雨】意谓好运气难以预料。

⑥ 【灶前灶后千里路，千滚豆腐万滚鱼】前句形容在家烧锅做饭也很辛苦；后句指烹饪豆腐和鱼必须文火慢炖，才能味美。

二

光打雷，不下雨[①]。

乱蓬蓬，糟淤淤。

有一句，讲一句。

鱼帮水，水帮鱼。

自吹自擂，老大老居[②]。

当面扯谎，背后嚼蛆[③]。

生不带来，死不带去。

比上不足，比下有余。

上气不接下气，前言不搭后语。

学好三年不足，学坏一旦有余。

挨金似金，挨玉似玉，挨着木匠学拉锯。

呼之即来，挥之即去，拎着尾巴烧干鱼[④]。

① 【光打雷，不下雨】比喻空有大话，并无实际行动。

② 【老大老居】形容人倚老卖老的样子。

③ 【嚼蛆】比喻说人坏话。

④ 【拎着尾巴烧干鱼】比喻在后面不停地催促。

三

长寿面，元宝鱼[①]。

教书匠，老书迂。

锁扣眼，弹被絮。

撩虎须，赶犟驴[②]。

成事不足，败事有余。

就汤下面，就坡下驴[③]。

明珠出老蚌，水清无大鱼。

一步到台口，老嫩一把捋[④]。

左三发右四起[⑤]，翻过来覆过去。

脏得无处下脚，懒得屁眼生蛆。

翻手为云覆手雨，东手接来西手去[⑥]。

一山难容两猛虎，一栏不关两叫驴[⑦]。

---

① 【元宝鱼】年夜饭桌上必备的一道菜肴，寓意“年年有余”，多地的风俗是只看不吃。

② 【撩虎须，赶犟驴】撩虎须，比喻做危险的事；赶犟驴，比喻做费力的事。

③ 【就汤下面，就坡下驴】就汤下面，比喻顺势或趁机行事；就坡下驴，比喻找个借口下台阶，不至于难堪。

④ 【一步到台口，老嫩一把捋】前句比喻说话、做事直达目标，不拐弯抹角；后句比喻不分老少大小，用同一办法处置，含贬义。捋，用手抹过去，江淮方言读作 lū。

⑤ 【左三发右四起】即一次又一次，“发”“起”都是量词。

⑥ 【东手接来西手去】意谓财富来得快，去得也快，不能聚财，钱到手就花光。

⑦ 【一栏不关两叫驴】比喻两个性格都强悍的人无法在一起生活或共事。叫驴，即公驴。

第十五部　旧入声韵(甲)[1]

① 【旧入声韵（甲）】入声是古汉语的四声之一，入声韵发音短促，一发即收。入声字甲类常用字有：八、月、合、发、白、色、各、舌、血、业、乐、甲、节、夺、叶、切、杀、杂、宅、夹、刮、活、别、列、说、角、客、设、贴、册、得、结、学、麦、桌、缺、沫、物、脱、壳、摘、绝、药、雪、着、国、袜、刷、捏、热、滑、烈、辣、答、踏、磕、喝、渴、薄、落、蜡、瞎、鸭、煞、额、铁、接、彻、碟、霎、凿、脚、搁、撇、篾、鳖，等等。

一

猪下水，牛百叶[①]。

自吃自，各顾各。

吞口水，打饱嗝。

二手货，一码色。

杀猪打铁，只赚不贴。

三六九等，二四八月。

大天四亮[②]，一时半霎。

老牛押磨，小菜一碟[③]。

大生意怕折[④]，小生意怕歇。

鸡肥不生蛋，人多不出活。

你有你的关门计，我有我的跳墙法。

老虎头上打苍蝇，聋子耳朵做摆设。

① 【猪下水，牛百叶】猪下水，指猪的内脏；牛百叶，指牛的胃。

② 【大天四亮】早晨天完全亮了。

③ 【老牛押磨，小菜一碟】老牛押磨，比喻在重压之下，只得慢慢走下去；小菜一碟，比喻事情很容易办成。

④ 【折】指折本。读作 shé。

二

气噗噗，火杂杂[①]。

扎骨冷，雾燥热。

说真方，卖假药。

赶热哄，跑不彻[②]。

头疼医头，脚疼医脚。

气得半死，凉了半截。

一代亲，二代表，三代歇。

黄牛角，水牛角，各顾各。

乌龟爬门槛，总有一跤跌[③]。

脚背高的官，只高一匹篾[④]。

一个巴掌拍不响，剃头挑子一头热。

麻秸打狼两头怕[⑤]，瞎子点灯白费蜡。

---

① 【气噗噗，火杂杂】气噗噗，形容非常生气的样子；火杂杂，形容有点愤怒的样子。噗噗，象声词，气向外喷出的样子，读作 pū pū。

② 【赶热哄，跑不彻】赶热哄，趁着人多无目的地参与进去；跑不彻，形容来不及跑。

③ 【乌龟爬门槛，总有一跤跌】比喻进入危险境地，免不了有坎坷和挫折。

④ 【脚背高的官，只高一匹篾】形容官位很低。一匹，即一片。

⑤ 【麻秸打狼两头怕】比喻对峙的双方都有所顾忌，不敢轻举妄动。

三

深一脚，浅一脚。

东家请，西家接。

见不得，离不得[①]。

一头脱，一头抹。

调过来讲，换句话说。

掸眼一看，随口一拓[②]。

眼睛拐看人，耳朵根发热。

人死如灯灭，是话都不说。

丑人多作怪，大屁冲不得[③]。

大眼瞪小眼，前客让后客。

吃人家肉总不记得，吃了骨头一生记得[④]。

犁不到也要耙一下，吃烧饼还嫌赔唾沫[⑤]。

---

① 【见不得，离不得】指两人在一起就吵架、不在一起又想念的复杂情感和关系。

② 【随口一拓】意谓随口说说而已，不能当真。

③ 【大屁冲不得】比喻因娇惯或性情暴躁不接受任何批评。

④ 【吃人家肉总不记得，吃了骨头一生记得】比喻忘记了人家的恩惠，却对人家的粗疏处怀恨在心。

⑤ 【犁不到也要耙一下，吃烧饼还嫌赔唾沫】前句比喻一着失算，也要想其他方式来整治对方；后句比喻非常吝啬，只想索取，不愿有任何付出。

四

树挪死，人挪活。

要想发，不离八。

歇歇伙，聒聒博[①]。

穷干净，富邋遢。

快人快语，大手大脚。

细皮嫩肉，桃红花色。

人上一百，是事不缺[②]。

忙里偷闲，苦中作乐。

耳朵根子软，嘴巴头子烈[③]。

吃喝不究精，板凳没焐热。

装得一双眼睛瞎，两块肥肉一筷子夹[④]。

给点甜头让你舔，吃柿子专拣软的捏。

---

① 【聒聒博】即聊天。

② 【人上一百，是事不缺】意谓人一旦多了，就会拥有各种有才能的人。是事，所有的事项。

③ 【耳朵根子软，嘴巴头子烈】前句借指没有主见，容易被人说服；后句借指只是说大话（不做实事）。

④ 【装得一双眼睛瞎，两块肥肉一筷子夹】比喻借口自己对某事不了解，趁机获得好处。

五

头抵头，脚跟脚[①]。

做样子，不出活[②]。

不自量，活作孽。

神不知，鬼不觉。

胡大胡二[③]，插嘴插舌。

急忙急促，忽里忽戳[④]。

砸锅卖铁，瞧病抓药。

当家理事，一本清册[⑤]。

有钱钱打发，无钱话打发[⑥]。

三八二十八，各有各算法[⑦]。

鸡屎秃子怕日晒，豁嘴不揽吹箫活[⑧]。

有钱做屋如撑伞，乍穿新鞋高抬脚[⑨]。

① 【脚跟脚】指紧跟着前面的人。

② 【做样子，不出活】指干活时，虽然弯着腰，但动作缓慢或没有干活，消极怠工。

③ 【胡大胡二】指做事敷衍塞责，糊弄人。

④ 【急忙急促，忽里忽戳】急忙急促，形容急急忙忙的样子；忽里忽戳，形容用力没轻重，做事没章法。

⑤ 【一本清册】形容对事物的来龙去脉十分清楚。

⑥ 【有钱钱打发，无钱话打发】指解决对方讨债的方式，有钱给钱，没钱要给对方一个明确的答复。

⑦ 【三八二十八，各有各算法】意谓在生意场上，买卖双方都有自己的盘算，看似不合理的交易都有其道理。

⑧ 【鸡屎秃子怕日晒，豁嘴不揽吹箫活】比喻有缺陷者做事要避开自己的弱项。

⑨ 【乍穿新鞋高抬脚】比喻用某种明显的举动，急切地暗示自己的发迹或走红。

六

厚达达，枵刮刮[①]。

烂脓脓，软沓沓。

年保年，月保月[②]。

防伴着，切记得。

粮食折秤[③]，衣裳败色。

肥肉漾人[④]，咸货作渴。

没他座劲[⑤]，是个棍角[⑥]。

尖头八希，一小把捉[⑦]。

火炉子煨泥鳅，吃一截煨一截[⑧]。

三个钱买烧饼，掂分量捏厚薄。

前三十年睡不醒，后三十年睡不着[⑨]。

岗上豌豆冲心米，秤杆黄鳝马蹄鳖[⑩]。

---

① 【厚达达，枵刮刮】两短语既可形容物体厚薄，也可形容液体的浓稠或稀薄。枵，薄，读作 xiāo。

② 【年保年，月保月】指经济拮据，收入仅能维持开支，没有剩余。

③ 【折秤】货物再次称量时因损耗分量减少。折，读作 shé。

④ 【漾人】指人多吃了油腻或黏性食物而产生的吃不下的感觉。

⑤ 【座劲】指反击的力量，引申为对付的办法、手段，常用于否定句、反问句中。

⑥ 【棍角】比喻强硬、特立独行的人。

⑦ 【尖头八希，一小把捉】尖头八希，形容拈轻怕重、损人利己；一小把捉，形容形体矮小，一手能握住的粗细。

⑧ 【火炉子煨泥鳅，吃一截煨一截】比喻做事只愿为眼前利益而付出，没有长远打算。

⑨ 【前三十年睡不醒，后三十年睡不着】意谓由于年龄、生理、阅历等因素的影响，青年与老年的睡眠质量有很大不同。

⑩ 【岗上豌豆冲心米，秤杆黄鳝马蹄鳖】指这几种食物都是同类中的上品：豌豆喜旱，山岗最宜；山冲间水足土肥，宜种水稻；如秤杆粗细的黄鳝和马蹄大小的鳖，正好食用。

七

比方讲，再者说。

面子账，浇而薄①。

火怕拨，人怕戳②。

一刀切，两半截。

咕咕哝哝，骂骂咧咧。

拉拉扯扯，敲敲搭搭③。

缩头缩脑，碍手碍脚。

人没做得，鬼没霉得。

真人不露相，杀人不见血。

讲话翻白眼，此人交不得。

五黄六月不打铁，十冬腊月不碰篾④。

折了裤子没得穿，输得家都认不得⑤。

① 【面子账，浇而薄】面子账，指考虑到情面或社会声誉而付出；浇而薄，形容为人处事无诚意，不厚道。浇，江淮方言读作 xiāo，义同“枵”，即薄。或以为液体用“浇”，如粥很浇；固体用“枵”，如板很枵。

② 【火怕拨，人怕戳】意谓火经常拨弄会熄灭，人难以承受别人的挑拨离间。

③ 【敲敲搭搭】指在谈话中不时地挖苦、讽刺对方。敲，江淮方言读作 kāo。

④ 【五黄六月不打铁，十冬腊月不碰篾】农历五六月时正是热天不宜打铁；冬天竹篾寒冷，不宜做篾活。

⑤ 【折了裤子没得穿，输得家都认不得】两句形容输得很惨。折，读作 shé。

八

吹火嘴，八字脚。

酒糟鼻，双下颏。

翻白眼，打爆嗝[①]。

衣合身，鞋跟脚。

朋友翻脸，弟兄不合[②]。

半斤八两，一路货色。

磕头如捣蒜，使钱如渣叶[③]。

黑得像锅底，嫩得如面捏。

木匠没法加个楔，瓦匠没法用泥拓。

外甥有理打得舅，瞎子牵牛死拽着。

讲一句好话不觉得，讲一句歹话切记得[④]。

丑婆娘强似打光棍，赊三千不如现八百。

---

① 【打爆嗝】指呕吐时伴随的痉挛性上翻。

② 【不合】即不和，合读作 gé，入声。

③ 【使钱如渣叶】比喻用钱毫不吝惜。渣叶，秋后落叶；使，用钱，江淮方言读作 sěi。

④ 【讲一句歹话切记得】意谓批评别人的话，人家会一直怀恨在心。

九

麻花雨，鹅毛雪。

死不死，活不活。

没二话，清一色。

有一搭，没一搭。

讲矮人话，做下手活。

宁可抛荒，不可失业[①]。

有话当面说，有肉当面切。

快刀容易缺，快马容易跌。

荒年不忘大麦[②]，穷人不忘老宅。

捧着银碗讨饭[③]，远水不解近渴。

一销猪，二打铁，三捅黄鳝四钻鳖[④]。

春茶香，夏茶涩，秋茶好喝不能摘。

---

① 【宁可抛荒，不可失业】意谓宁可将田地闲置，也不能放弃田地的所有权或养家活命的根本。

② 【荒年不忘大麦】大麦本不是主粮，但因其较小麦成熟早，所以能在青黄不接时充饥救急。

③ 【捧着银碗讨饭】比喻放着现成的好条件不能充分利用，却求助于别人。

④ 【一销猪，二打铁，三捅黄鳝四钻鳖】在旧时，这几种手艺被认为风险低、效益好。钻，用铁叉捉鳖，江淮方言读作 zuǎn。

十

水鳖子，菜脚子[①]。

带肚子，坐月子。

石步子，瓦扎子[②]。

皮猴子，做结子[③]。

王八盖子，鬼脸壳子[④]。

二道贩子，睁眼瞎子。

骨头架子，反手撇子。

出馊点子，没得法子。

着三不着两，八字没一撇。

卤水点豆腐，一物降一物。

把死的说成活的，把生姜说成树上结的。

看棋人忠心保国，下棋人冲人不顾死活。

① 【水鳖子，菜脚子】水鳖子，一种装茶水或酒水的背壶，形状像鳖，故名；菜脚子，指少量吃剩的菜。

② 【石步子，瓦扎子】石步子，放在浅水中供人跨步的踏脚石；瓦扎子，即碎瓦片。

③ 【皮猴子，做结子】皮猴子，比喻非常顽皮的小孩；做结子，指暗地耍花招，使人上当。

④ 【王八盖子，鬼脸壳子】王八盖子，是对诸如帽子、发型、马甲等覆盖物的谑称；鬼脸壳子，本指画有各式脸谱的面具，俗语“戴鬼脸壳子”比喻没脸见人。

十一

木匠易学，斜眼难凿[①]。

鸭肫[②]易剥，人心难摸。

有钱吃药，无钱泡脚。

一个讲着，一个托着[③]。

乌龟莫笑鳖，都在泥里歇[④]。

没有金刚钻，不揽瓷器活。

发疯如鬼杠，走路像砧踏[⑤]。

嘴巴没有味，心里过不得。

栽秧栽到八月，割稻割到腊月。

打肿脸充胖子，烧成灰也认得。

蚂蟥叮着鹭鸶脚，左甩右甩甩不脱。

老鼠尾巴生肿毒[⑥]，能有多少脓和血。

---

① 【斜眼难凿】木器如板凳、座椅上倾斜的榫头，没有经验的木匠很难处理。

② 【肫】指禽类的胃，读作 zhūn。

③ 【托着】即附和着。

④ 【乌龟莫笑鳖，都在泥里歇】比喻两者处在同样的环境，都没有什么作为，也就没有高低之分。

⑤ 【发疯如鬼杠，走路像砧踏】前句意谓人的怪异行为像受鬼怪指使一般；后句形容人走路缓慢。砧踏，旧时丧事中孝子跪拜着向前挪动身体。

⑥ 【肿毒】各种毒疮的通称。

十二

话讲到卯[1]，事做得绝。

屎干结壳，泥干自落。

风言风语，多嘴多舌。

不求柴开，只求斧脱[2]。

请女客，讲五十来一百。

眼一眨，老母鸡变成鸭[3]。

凭着良心讲，伸直舌条说。

话都讲到地，不想要人活。

老母猪拱田埂，拱一截算一截。

嫩豆腐沾青灰，吹不得打不得。

徒弟徒弟，不打不成器；伢泼伢泼，一吃一大钵[4]。

运气来了，门板挡不住；天塌下来，有长子顶着。

---

① 【话讲到卯】形容退让、妥协的话已触及自己的底线。

② 【不求柴开，只求斧脱】比喻不指望问题得到解决，只希望暂时免于困扰或求得解脱。

③ 【眼一眨，老母鸡变成鸭】形容人不诚信，很快改变承诺。

④ 【钵】一种盛装食物的陶器，形状像盆而较小。

十三

提笔忘字，丢到八国[①]。

打个平手，搞个定夺。

人情往费，逢年过节。

撒尿浇麦，一举两得。

话不能讲死，路不要走绝。

算盘打得精[②]，老脸往哪搁。

和尚没做得，亲又没娶得。

闲时不烧香，急时抱佛脚。

十句打八折，还有两句信不得。

不到八十八，不要笑人瘸和瞎[③]。

早怕露水中怕热，晚怕蚊子早早歇。

养儿子知道小名，弯竹子能破直篾[④]。

---

① 【丢到八国】指丢到遥远的地方。

② 【算盘打得精】比喻人精于算计，也比喻为人小气、抠门。

③ 【不到八十八，不要笑人瘸和瞎】人老了，身体各种器官都老化，才能深切感知到残疾人的难处，言外之意做人要谦逊积德，不要随意笑话那些不如你的人。

④ 【养儿子知道小名，弯竹子能破直篾】前句意谓对自己孩子的特性或自己经办的事十分了解；后句比喻虽有不足，但只要使用得当，仍然有其用处。

第十六部　旧入声韵(乙)[1]

① 【旧入声韵（乙）】旧入声韵乙类的常用入声字有：一、乙、十、力、入、习、木、日、石、只、立、出、谷、伏、足、竹、实、吃、卒、俗、哭、促、秃、育、食、急、烛、迹、筑、宿、直、席、揖、集、服、福、属、佛、笔、骨、屋、漆、粥、熟、壁、鼻，等等。

一

现烧香，现拜佛。

高拱手，低作揖[①]。

承你情，托你福。

套近乎，自来熟。

左耳朵进，右耳朵出。

锤头锤脑[②]，老大老实。

二一添作五，三一三十一[③]。

打了一冬柴，煮锅腊八粥。

孬进不孬出，有饭不吃粥。

是药三分毒，是人三分俗。

不是你家菜园门，由你进，由你出。

红白喜事一起办，笑的笑，哭的哭。

① 【高拱手，低作揖】表示行礼要到位，要有诚意。拱手和作揖都是旧时相见或感谢时常用的礼节。

② 【锤头锤脑】形容为人行事蛮横、粗鲁。

③ 【二一添作五，三一三十一】借用珠算口诀表示两人或三人平均分配。

二

蛐蟮货,乌龟席[①]。

二八勒,不合一[②]。

别马腿,穿牛鼻[③]。

讲横理,出蛮力。

白刀子进,红刀子出。

不怕一万,就怕万一。

人奸[④]没饭吃,狗奸没屎吃。

一粒老鼠屎,带坏一锅粥。

只有招架之功,没有还手之力。

长痛不如短痛,拽直不如抻直[⑤]。

痴人自有痴人福,烂泥菩萨住大屋。

有枣无枣打一竿,想起一出是一出。

---

① 【蛐蟮货,乌龟席】蛐蟮货,对土特产的谦称;乌龟席,指方桌座次像乌龟的形状:上下两人、左右各一人,或上下一人、左右各两人。乌龟席是社交场合和民间宴席忌讳的座次。

② 【二八勒,不合一】二八勒,指一知半解、不讲理的人,也指事情做到一半即停下;不合一,指双方步调不一致,不合适。

③ 【别马腿,穿牛鼻】别马腿,象棋中的术语,马走“日”字,如果在要去的方向正前方有别的棋子挡住,马就无法走过去,比喻在他人前进的路上设置障碍,阻挡其前进;穿牛鼻,比喻操纵,控制,也用作对儿童即将启蒙入学的戏谑说法。

④ 【奸】形容拈轻怕重、贪小便宜、自私取巧等小伎俩。

⑤ 【拽直不如抻直】比喻对自己的缺点错误,与其由别人纠正,不如自己改正。抻,江淮方言读如 chēn。

三

蔬菜饭[1],搭嘴食。

打平伙,流水席。

收脚步,讨脚迹[2]。

几凑头,十碰一[3]。

有椅靠椅,无椅靠壁[4]。

累死累活,没白没黑。

土生土长,一老一实。

大难不死,必有后福。

三三进九,不如二五一十[5]。

头都磕了,舍不得作个揖[6]。

车到山前必有路,船到桥头自然直。

张三喝酒李四醉,皇上不急太监急。

① 【蔬菜饭】指仅有蔬菜没有鱼肉的饭食。蔬,江淮方言读作 shú,入声。

② 【收脚步,讨脚迹】迷信认为,人死之前,凡曾经去过的地方,无意识地都要去走走看看似作告别。

③ 【几凑头,十碰一】几凑头,指几件事凑到一起;十碰一,指出现的几率很小。

④ 【有椅靠椅,无椅靠壁】意谓有倚仗最好,如果没有,就不要有任何幻想。

⑤ 【三三进九,不如二五一十】借用乘法口诀表示定量分析很重要,有时质量的提升胜过数量的增加。

⑥ 【头都磕了,舍不得作个揖】意谓磕头的重礼都行了,却舍不得行个作揖的轻礼,比喻人机械、呆板,不会融通。

四

老鼠肉,螺丝骨[①]。

鹅蛋久[②],绊脚石。

一回生,二回熟。

硬碰硬,直打直。

冬练三九,夏练三伏。

冷铁难打,老竹难育[③]。

木匠住倒屋,瓦匠住草屋。

把壶不随酒[④],闹的哪一出。

挑日不如撞日,撞日不如当日[⑤]。

闻名不如见面,不打不成相识。

锤打钉,钉入木,一层一层往下筑[⑥]。

痴子做,刁子[⑦]吃,还说痴子没出力。

---

① 【老鼠肉,螺丝骨】老鼠肉,是人手臂上的肱二头肌的俗称,该肌肉收缩隆起时像老鼠形状;螺丝骨,指手腕、脚腕关节上突出的部分。

② 【鹅蛋久】即鹅卵石。

③ 【冷铁难打,老竹难育】比喻错过了事物发展的最佳时机,就难以改变。育,用外力使竹木等形态发生改变。

④ 【把壶不随酒】比喻占有某个位置,却不尽责。随酒,指宴席上末座者为客人斟酒。

⑤ 【挑日不如撞日,撞日不如当日】意谓万事顺其自然,条件具备,天天都是好日子。

⑥ 【筑】用力塞进或用杵夯实。

⑦ 【刁子】头脑灵活的人。

五

吃了睡，睡了吃。

大锅饭，烀猪食①。

吃饱肉，再念佛②。

十二年，整一属③。

宁买不值，不买吃食④。

日图三餐，夜图一宿。

鸭是摇着走，鸡是划着吃。

牛绳子要独⑤，小伢子要促。

一个钱夹胳肢窝，再冲冲不出。

虾子趴在犁弯上，也讲自己直⑥。

早养儿子早得力，早养丫头坐头席。

白头婆婆嫁屠户，不图养儿只图吃。

---

① 【烀猪食】比喻大锅烀煮味道不佳的饭菜。

② 【吃饱肉，再念佛】比喻某些人念佛心不诚，抵御不住欲念诱惑。

③ 【整一属】指十二生肖属相。

④ 【宁买不值，不买吃食】旧时物资匮乏，人们认为再不济的物品也有些用处，比买食物消费划算。

⑤ 【牛绳子要独】意谓使牛时，牛绳子要时时拉紧，牛才听话出力。独，猛然地拉紧。

⑥ 【虾子趴在犁弯上，也讲自己直】比喻某些人只看到别人的不足，而看不到自己的缺点。

六

端方四正，壁立四直。

一对一半，一五一十[①]。

病从口入，祸从口出。

成精作怪，无干得实[②]。

起了个五更，赶了个晚集。

操心不经老，迟来吃厚粥[③]。

听三不听四，八九不离十。

拿人不作数，贪钱抓药吃[④]。

尽手颈把子酸[⑤]，有屎巴肚子福。

霉得像烀蚕豆，有你好果子吃[⑥]。

痴汉等丫头，等到哪个奶奶生日。

铁棒磨成针，费了九龙二虎之力。

① 【一五一十】比喻叙述从头到尾，原原本本，没有遗漏。

② 【成精作怪，无干得实】成精作怪，原指人捣乱干坏事，后多形容小孩有奇特的玩法或创意；无干得实，形容不负责任地说假话。

③ 【迟来吃厚粥】比喻迟到者反而得到好处，或因祸得福。厚粥，浓稠的粥。

④ 【贪钱抓药吃】用于对贪钱者的诅咒或表示自己没有贪钱的发誓。

⑤ 【尽手颈把子酸】表示最大限度地满足某人的物质欲望。

⑥ 【霉得像烀蚕豆，有你好果子吃】前句形容受到辛辣的讽刺和批评；后句警告对方要为行为产生的后果负责。霉，用尖刻的语言对人讽刺、挖苦。

七

冰锅冷灶，半生不熟。

与人不睦，捣人盖屋[①]。

吐唾沫星，戳脊梁骨[②]。

子孙无福，怪坟怪屋[③]。

亲的亲滴滴，晚的隔层壁[④]。

等到胡子白，养得疖子熟[⑤]。

用吃奶力气，拱过河小卒。

看到挑担苦，空手就是福。

天养人肥突突，人养人皮包骨。

过五关斩六将，吃五谷想六谷。

任你一推六二五，管他三七二十一。

长江后浪推前浪，嫩草怕霜霜怕日。

① 【与人不睦，捣人盖屋】意谓要使对方难受，就劝其盖屋，因为旧时私人盖屋，牵涉各个方面，劳神伤财。捣，唆使，江淮方言读作 cōu。

② 【吐唾沫星，戳脊梁骨】吐唾沫星，比喻用恶毒的话污蔑或辱骂别人；戳脊梁骨，指某人做了不道德的事被他人在背后谴责。

③ 【怪坟怪屋】意谓怪罪祖坟和房屋的风水不好。

④ 【晚的隔层壁】意谓没有血缘的亲属关系较为疏远。晚，后来的，如晚父、晚娘。

⑤ 【养得疖子熟】比喻让错误或坏事发展到一定程度时才出手，彻底根除。疖子熟，指疖子灌脓。

八

老神在在[①],心抹直直。

亲房远房,没出五服[②]。

是花带刺,是肉带骨。

同边草鞋,各穿一只[③]。

要得人心足,除非黄土筑[④]。

粗针大麻线,人生路不熟。

在家饿着哭,出门不吃粥。

跟着黄狗走,屎都没得吃。

生伢的不用力,抱腰的干着急[⑤]。

儿子大似老子[⑥],老子天下第一。

有智吃智无智吃力,无智无力靠着墙壁。

一个无字对个不字,三只眼睛白了两只[⑦]。

---

① 【老神在在】形容从容淡定的样子。

② 【亲房远房,没出五服】亲房远房,指血缘关系亲近或疏远的同姓宗族成员;没出五服,指血缘关系还在五代之内,即一个共同的高祖。

③ 【同边草鞋,各穿一只】比喻遇到麻烦事,双方都承担一部分责任。

④ 【要得人心足,除非黄土筑】意谓除非人死了,否则贪心永远不会满足。

⑤ 【生伢的不用力,抱腰的干着急】比喻当事人不努力,其他人再焦急也没用。

⑥ 【儿子大似老子】比喻次要事物反常地超过主要事物的位置或影响。

⑦ 【一个无字对个不字,三只眼睛白了两只】前句指双方意见不合,互相否定;后句指虽然看了,但没有看出奥妙所在。白,即无眼珠,看不见。

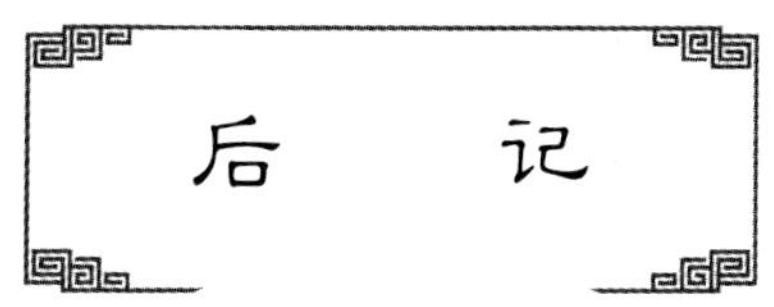

后　记

对于《江淮俗语风韵》一书，编者前前后后、断断续续搜集整理资料，花了十余年的业余时间，现在结集印行，内心既有高兴，也有担心。

高兴是不消说的。编者是民俗文化爱好者，对流传于江淮间的俗语民谚的搜集整理，多年来心心念念、孜孜矻矻，有时为捕捉到一条新奇的俗语而窃喜，有时为考较一句蕴藉的民谚而"捻断数茎须"。现在，本书终于能编辑出版，算是让很多口耳相传、极易随风而逝的俗语民谚坐了"胎"，有了生命的依托。俗话说，乖也是疼，呆也是疼，此其喜洋洋者矣。

担心总是难免的。也正因为编者只是一个民俗文化爱好者，才疏学浅、孤陋寡闻，所以书中俗语、谚语、熟语、歇后语杂烩于一锅，有失语言学的缜密；书中很多古里古怪的字词，不能训诂精准、运用到位，会贻笑于大方之家；书中上下句搭配、各韵部划分，无法做到平平仄仄、音韵和谐，很不合诗家口味，甚至会拗断音韵学家的嗓子……种种不足，常常令人气短。但转而一想，自己来自于乡野，生活于市井，反而比高居庙堂学府的专家、学者更能接近第一手活泼生动的民俗文化；加以数十年来，兴趣未尝稍减，书箧小有可观，于是担心壮为斗胆，"虽千万人，吾往矣"！

在本书的编辑出版过程中，编者参考了诸多先贤时彦的相关著述，得到安徽人民出版社徐佩和先生、张旻先生和合肥市教科院石红星先生等专家、文友的悉心指导和大力协助，在此一并志谢！

编　者

二〇一九年仲夏夜于合肥